서울대학교 관악초청강연

안철수

경영의 원칙

경영의 원칙

안철수

서울대학교출판문화원

● 대화의 장을 열며

대학을 졸업하고 수십 년이 지난 지금 돌이켜보니 세상이 조금씩 좋아지고 있다는 걸 느끼긴 하겠는데 우리가 원하는 만큼 그렇게 빨리 좋아지는 것 같지는 않습니다. 처음엔 눈앞에 보이는 저 봉우리만 올라가면 될 줄 알았는데 가보니 그 너머에 더 큰 봉우리가 있더군요. 삶의 길도 그렇고 역사도 그렇다고 생각합니다. 작은 산봉우리에 올라서기만 해도 세상이 발아래로 보이고 더 높은 봉우리로 가는 길이 너무나 뚜렷이 보이는데 막상 가보면 낭떠러지가 길을 막고 숲이 길을 잃게 합니다.

"공부는 잘하는데⋯⋯."라는 오해 아닌 오해를 받고 있는 우리 학생들이 학교라는 작은 봉우리에서 좀 더 넓은 세상으로 가는 길을 만나게 하려, 학교의 지식이 아닌 삶의 지혜를 얻을 수 있도록 마련한 〈관악초청강연〉이 어언 50회를 바라보게 되었습니다. 여기서 우리는 많은 분들과 만나고 많은 걸 배웠습니다. 많은 교수님들이 〈관악초청강연〉을 꾸려나가기 위한 위원회에 참석하시어 좋은 의견과 더불어 우리 학생들이 꼭 만나야 할 좋은 분들을 추천해주셨기에 가능한 일이었습니다. 여기 오신 모든 분들은 삶의 길을 스스로 열어나갔을 뿐 아니라 우리가 함께 가야할 길을 보여주신 분들이었습니다. 이분들이 새로운 길을 열고자 하면서 겪은 성공과 좌절, 열정과 노력은 교실에서는 접하기 어려운 생생한 체험으로 다가왔고 참

여한 학생뿐 아니라 교수들에게도 깊은 감동을 주었습니다. 한차례의 강연으로 흘려버리기엔 이 감동이 너무 아까워 책으로 내기로 했고 이미 여러 권이 출간되었습니다.

출판을 시작할 때 이미 많이 알려진 이야기이고 이미 책으로 출간된 경우도 있는데 굳이 또 책으로 펴낼 필요가 있겠느냐는 지적도 있었습니다. 사실 강연 그 자체만 놓고 보면 그렇습니다. 그렇지만 강연회엔 강연만 있는 게 아니었습니다. 대화가 있었습니다. 사회자의 소개에서부터 강연, 그 뒤로 패널에 참여하신 교수님들의 질의와 보충 설명, 강연회에 참여한 학생들의 진지한 반응이 거의 두 시간에 걸쳐 이어졌습니다. 이 생생한 대화의 장을 그냥 흘려버리기에는 너무 아까웠습니다. 사실 강연을 해주신 분인들 어디서 이렇게 좋은 패널과 진지한 청중을 만나 진솔하게 대화를 나눌 기회가 있었겠습니까. 이 책을 출간하면서 이 시대를 살아가는 젊은이들에게 정말 보여주고 싶은 건 바로 이 대화의 모습이었습니다. 이 대화의 장을 통해 길이 너무 많아 길을 찾기 어려운 이 시대의 젊은이들이 자신과 이웃의 삶에 대해 세상과 역사에 대해 다시 한 번 생각할 기회를 갖게 되기를 바랄 뿐입니다.

끝으로 이 책이 나오도록 애써주신 여러 분께 감사의 말씀을 드려야겠습니다. 먼저 관악초청강연위원회의 위원장을 맡아 좋은 강연회를 기획해주신 곽수근 선생님을 비롯한 위원 선생님 여러분, 패널에 참여하여 진지하게 토론해주신 교수님들께 감사드립니다. 그리고 아무리 좋은 강연이라도 강연과 토론을 책으로 만드는 일은 대단히 귀찮고 어려운 일입니다. 더구나 생생한 대화의 현장감을 살리기란 아주 어렵습니다. 이 모든 일을 도맡아 꼼꼼하게 살펴주신 백미숙 선생님과 출판을 맡아주신 서울대학교출판문화원에도 감사드립니다.

허남진
서울대학교 기초교육원장

차례

제1부 : 강연　　　　　　　　　　9

제2부 : 패널 질문과 토론　　　　61

제3부 : 청중과의 대화　　　　　85

제1부 : 강연

● 정근식(사회자) : 안녕하세요. 저는 '한국벤처기업의 성장과정'이라는 제목으로 안철수 선생님을 모신 42회 관악초청강연의 사회를 맡게 된 사회학과 정근식입니다. (박수)

오늘 강연에서는 대략 한 시간 정도 선생님의 강연을 듣고, 50분 정도 패널 선생님과 질문·토론을 하고, 그 다음에 여러분이 직접 질문·토론을 하도록 하겠습니다. 선생님에 대해서는 여러분이 잘 알고 계셔서 자세한 소개가 필요 없을 것입니다. 〈무릎팍도사〉에도 나오셨죠. (청중 웃음) 엄청난 유명인사일뿐 아니라 여러분의 선배이기도 합니다. 30년 후의 여러분 모습을 한번 생각해보십시오. 30년 후에 내가 어떤 사람이 되어 있을까? 안철수 선생님은 정확히 30년 전, 1980년에 관악캠퍼스를 돌아다니면서 내가 과연 앞으로 어떤 사람이 될 것인가 고민했을 것입니다. 안 선생님은 80년에 서울대 의과대학에 입학했습니다. 의과대학에서 석사와 박사과정을 마치신 이후에는 펜실베이니아대학교에서 공학 석사를 하셨고 또 와튼 스쿨에서 경영학 석사를 하면서, 의학·공학·경영학을 모두 공부하셨습니다. 서울대 의대에 재학하는 동안에 컴퓨터 바이러스를 해결하는 문제에 매달리면서 우리나라의 컴퓨터 바이러스와 싸우는 개척자셨습니다. 7년 동안 컴퓨터 백신을 만들기 위해서 의학 공부와 컴퓨터 공부를 병행하다가 1995년에 안철수연구소를 설립하면서 분야를 바꾸었습니다. 그동안 출판하신 책도 『행복 바이러스 안철수』, 『CEO 안철수, 영혼이 있는 승부』, 『CEO 안철수, 지금 우리에게 필요한 것은』 등 단독 저서 열 권과 공저하신 책 열두 권까지 모두 스무 권이 넘습니다. 최근에는 우리나라 최고의 기업인 포스코 이사회의 의장으로 한 달 전에 취임하셨습니다. 선생님 말씀으로는 1년에 3천여 회 정도 강연 요청을 받는다고 합니다. 너무나 바쁘신데도 서울대 학생들의 열렬한 부름에 응해 주셨습니다. 오늘 이 자리가 안철수 선생님이 사랑하는 후배들과 이야기하고, 여러분이 가장 본받고 싶은 선배와 대화하는 기회가 되기를 바랍니다.

안철수연구소의 성장

●안철수(강연자) : 여러분 안녕하세요? 반갑습니다. 〈무릎팍도사〉이야기가 나왔으니까 잠깐 여담으로 들려드리면, 네 시간을 찍었는데 나중에 방영된 것을 보았더니 심각한 이야기는 다 '잘리고' 방송되었더라고요. (청중 웃음) 제가 지금 드리는 말씀들은 〈무릎팍도사〉에서 잘린 내용들인데, 들어보시면 왜 잘렸는지 아실 수 있을 것입니다. (청중 웃음)

오늘 말씀드릴 내용은 이론적인 것이라기보다 저 나름대로 해온 여러 경험에 대한 것입니다. 이전에 의사였고, 프로그래머였고, 그리고 경영자였고, 지금은 학생을 가르치는 교수 입장에 서게 되기까지, 제 나름대로 시행착오를 굉장히 많이 했습니다. 그러다 보니까 그 과정 속에서 나름대로 교훈도 많이 얻게 되었죠. 이러한 시행착오와 좌충우돌의 과정 속에서 저 나름대로 얻었던 것을 오늘 말씀드리고자 합니다.

의학 공부를 위해 컴퓨터를 배우다

우선 제가 의대 다닐 때 컴퓨터를 왜 배웠는지부터 말씀드리겠습니다. 제가 한눈을 파는 타입이 아니어서 의대에 있으면서 의학 공부 열심히 했어요. 저는 기초의학을 전공했는데 환자를 진료하는 쪽보다 병의 원인을 밝히거나 치료 방법을 발견하면 많은 사람을 도와줄 수 있겠다는 생각에 실험 쪽으로 갔어요. 여러 다른 연구자하고 함께 연구할 때 제가 특별히 잘하는 특기나 취미를 활용하면 제가 일하는 분야에서 더 일을 잘할 것 같더라고요. 그래서 의학 실험을 더 잘하려고 컴퓨터를 배우기 시작했죠.

컴퓨터 바이러스와의 첫 만남

대학원 시절에 의학 실험도 하면서 컴퓨터 공부도 병행했는데, 88년도에 제가 박사과정 첫 학기 때 신문을 보다 보니까 '컴퓨터 바이러스'가 있다는 기사가 났어요. '컴퓨터 바이러스'라는 이름부터가 재밌었고 호기심에 컴퓨터를 뒤져보았죠. 외신에 나오는 그런 거니까 설마 제 컴퓨터 속에 있을까 하고 봤는데, 50장 정도의 디스켓 가운데 세 장이 감염되어 있었어요. 보고는 깜짝 놀랐고 화도 났어요. '내 물건인데······.' (청중 웃음) 동시에 또 무섭기도 하고 호기심도 일고, 그래서 뒤져보기 시작했어요. 마치 생물학적인 세균은 사람 맨눈으로는 안 보이니까 현미경을 써야 보이는 것처럼, 컴퓨터 프로그램도 그냥 보면 속을 알 수가 없어요. 하지만 컴퓨터 프로그램 중에 다른 컴퓨터 프로그램 속을 들어다보는 현미경 역할을 하는 프로그램이 또 있어요. 그게 '디버그'나 '코드뷰어' 같은 프로그램인데, 그것을 사용해 속을 들여다보았어요. 막상 봤더니 생각보다 어렵진 않더라고요.

컴퓨터 바이러스라는 것의 본질은 '복사 프로그램'이거든요. 이 둘 사이에 한 가지 차이점이 있다면, 복사 프로그램은 사람이 명령을 내리면 실행이 돼서 이쪽에서 저쪽으로 복사가 되는 반면에, 컴퓨터 바이러스는 자기가 사람 몰래 혼자서 복사를 실행한다는 것이에요. 그러니까 컴퓨터 바이러스를 알기 쉽게 한마디로 이야기하자면, '사용자 몰래 실행이 되는 복사 프로그램'인 거죠. 저도 분석을 해보고 그것을 알게 되었어요.

그리고 일주일 정도가 지났을 때 후배 하나가 찾아왔어요. 당시 제가 대학원생으로 수업조교를 했는데, 제가 맡은 실험조의 본과 1학년 학생이었어요. '숙제를 하다가 디스켓이 다 날아갔는데 주위 사람들에게 물어보니까 도저히 복구할 방법이 없다고 한다'는 말을 하더라고요. 그 말을 듣고 일주일 전에 제가 분석했던 바이러스를 떠올려보니까 그게 복구가 불가능하지 않을 것 같았어요. 사실 백 퍼센트 복구가 가능해요. 예를 들면 컴퓨터 프로그램이 12345 다섯 부분으로 되어 있다고 가정하면, 바이러스가 하는 일이 사용자 몰래 복사를 해서 1과 5를 바꾸고, 2와 3을 바꾸어놓는 거에요. 그러면 바이러스가 해놓았던 일을 역으로 실행을 시켜서 3과 2를 다시 바꾸고, 5와 1을 다시 바꾸어놓으면 원본으로 백 퍼센트 복원될 것 같더라고요. 그 아이디어를 가지고 그날 집에 가서 프로그램을 만들기 시작했어요. 하룻밤을 꼬박 새서 새벽녘에 프로그램을 완성했어요. 그날이 1988년 6월 11일이에요. 프로그래밍할 때 소스코드에 완성 날짜를 기록해두는데,

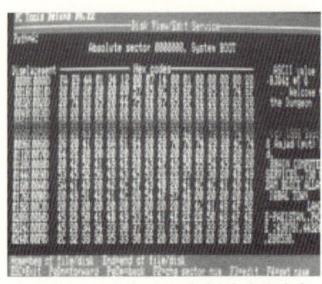
감염된 플로피의 시동섹터(위키피디아)

나중에 그것을 보고 기억하게 되었어요. 어느 날 새벽에 만든 그 프로그램이 지금도 많은 사람이 사용하고 있는 V3의 첫 번째 버전이에요.

당시는 인터넷도 없고 PC 통신도 없어서, 이 프로그램에 대한 내용을 컴퓨터 잡지에 보냈어요. 당시 〈마이크로소프트웨어〉라는 월간지가 있었는데 거기에 발표를 하고, 저는 다시 실험실로 돌아가서 열심히 실험을 했죠. 한 달 정도 지난 즈음에 어떤 분이 찾아오셨어요. 자기 컴퓨터가 새로운 컴퓨터 바이러스에 걸렸는데 어떻게 고칠 방법을 못 찾아서 저한테 왔다는 거예요. 그 다음부터 제가 고민에 빠지기 시작했어요. 제가 학생 때 고민이 몇 가지 있었는데, 그 가운데 하나가 저도 사회 구성원의 한 사람인데 계속 이렇게 신세만 지고 받기만 하고 제가 제 역할을 하지 못하고 있는 게 굉장히 안타깝더라구요. 그러니까 이런 문명의 이기를 갖는다는 건 저 혼자 살면 받을 수 없는 혜택인데, 저는 학생으로 공부만 해도 사회에서 저를 다 보살펴주잖아요. 저도 뭔가 역할을 해서 사회에서 받은 일부라도 돌려주고 싶다는 생각을 많이 했어요. 의대생들에게 가능한 방법 가운데 하나로 '봉사 진료'가 있었어요. 토요일이 되면 구로동에 가서 무료로 환자 진료

하고, 방학이 되면 같은 동아리 사람끼리 산골로 들어가서 환자 진료하고 밥 지어먹고 살았었어요. '무의촌'이라고 시골 동네 가운데 주변에 의사가 없는 곳이 예전에는 많았거든요. 마을 사람에게 폐를 안 끼치도록 쌀도 짊어지고 솥도 짊어지고 갔어요. 학부 때는 이런 일을 하니까 어느 정도는 제 역할을 했다고 생각했는데, 대학원을 들어가서는 그런 활동을 못하게 되었어요. 특히 생물학 분야 실험을 시작하면 중간에 멈출 수가 없어요. 그러니까 무료 진료도 못하고 제 공부만 하는 생활을 할 수밖에 없었어요. 이런 상황에서, 컴퓨터 바이러스 백신이라는 것이 처음에는 제가 할 수 있어서 만든 것에 불과했는데 이 프로그램으로 굉장히 많은 사람이 혜택을 받게 되는 것을 보면서, 이게 정말 내가 받은 일부라도 사회에 돌려줄 수 있는 좋은 기회구나 하는 생각이 들었어요.

7년간의 이중생활

문제는 시간이었어요. 시간이 없으니, 시간을 만드는 수밖에 없죠. 그래서 그 다음날 아침부터 새벽 세 시에 일어나서 여섯 시까지 세 시간 동안 컴퓨터 바이러스 백신을 만들고 나머지 시간은 하루 종일 대학원생으로서 의대 대학원 가서 실험하는 생활이 시작된 거죠. 3년이라는 시간이 지나도록 지도교수님께서 끝까지 눈치 못 채신 덕분에 무사히 학위를 받았어요. (청중 웃음) 그 당시 새로운 의과대학이 많이 생겨서 운 좋게 의대 교수로 취직이 되어서 2년 정도 학생들 가르치고, 의사니까 군의관으로 3년 정도 군복무하면서 시간이 흘렀어요. 당시는 잘 몰랐는데 나중에 돌이켜보니까 7년 정도의 세월이 매일 아침 새벽 3시부터 6시까지는 백신 프로그램을 만들고, 나머지 시간에는 의사로 일하면서 양쪽을 병행하던 시절이었어요. 당시에 백신 프로그램을 완전히 무료로 보급했던 이유는 제가 사회의 한 일원으로서 역할을 할 수 있다는 것 자체가 저한테는 충분한 보답이었기 때문이었어요. 그래서 백신 프로그램으로 돈을 벌어보겠다는 생각은 추호도 하지 않았어요. 문제는 그런 생활이 계속될 수는 없더라는 거였어요. 7년 정도 지나고 나니까 바이러스가 매년 두 배씩 늘어나서 이제는 새벽 세 시간 혼자 작업하는 것으로는 도저히 해결할 수 없는 상황이 되었고, 의과대학 쪽으로도 지도학생을 받아야 하는 처지가 되었어요. 지도교수 처지로서는 새벽 세 시간도 지도받는 학생을 위해 써야 한다는 생각을 했어요. 학생 몰래 새벽에 지도교수가 딴짓하고 있으면 학생이 불쌍하잖아요.

결단의 원칙
한 가지 일에 전념을 해야 하는 시기가 왔다는 생각을 해서, 그때 고민을 참 많이 했어요. 반년 정도를 고민을 했어요. 참 무섭더라고요. 매일 새벽에 일어나는 것이 너무 힘들어서 어떻게 하나를 정리하면 좋겠다고 입버릇처럼 말하고 다녔는데, 정작 하나를 그만두어야 하는 시기가 오니까 아무리 그것이 힘들어도, 무언가를 바꾼다는 것이 정말 무섭더라고요.

어쨌든 생각을 정리하면서 고민을 하기 시작했어요. 당시 제 나름대로 정리를 했던 것이 있어요. 첫째는 '과거는 잊자'는 것이에요. 흔히들 '실패는 사람의 발목을 잡는다'고 하잖아요. 한번 실패를 하면 사람이 마음이 약해져서 정말로 과감한 결단을 못하고 주저하게 돼요. 그런데 성공은 실패보다 더 사람의 발목을 잡는다는 것을 깨달았어요. 사람이 열심히 살다보면 무언가를 가지게 돼요. 그런데 한번 자그마한 것을 가지게 되면 그것을 놓지 않는 한도 내에서 결정을 하게 돼서, 결국은 마음이 약해지고 과감한 결단을 못 내리게 되는 것은 마찬가지더라고요. 원숭이를 잡을 때, 병 속에다 사탕을 하나 넣어두면 원숭이가 손을 집어넣어서 사탕을 움켜쥔 다음에 사냥꾼이 자기를 잡으러 오는데도 손을 못 놓아서 잡힌다고 하잖아요. 사람도 그런 것 같더라고요. 결국은 성공이나 실패나 똑같다는 생각을 했어요. 그래서 정말로 객관적으로 인생에 중대한 결정을 할 때는 과거를 잊어버리는 것이 중요하다는 것을 깨달을 수 있었어요.

두 번째는, '주위 사람들의 평가에 연연하지 말자'는 것입니다. 중요한 결정을 할 때 주위 사람들 이야기나 평가에 많이 마음이 약해지게 마련이죠. 어떤 경우에는 '그냥 내 한 몸 희생해서 주위 사람들 행복하게 해주자' 해서 주위 사람들이 원하는 선택을 하게 되는데, 그러면 한두 해 정도는 괜찮을 수 있지만, 사람이 그 이상을 참기는 힘든 것 같아요. 한 3, 4년 지나면 결국 자기도 불행해지고 그 모습을 바라보는 주위 사람도, 부모님, 친구까지 다 같이 불행해지는 거죠. 그래서 오히려 장기적으로 주위 사람을 행복하게 해주고 싶으면 자기가 행복해질 수 있는 선택을 해야 하는 것 같아요. 그래서 자기가 행복하면 처음에는 섭섭하더라도 결국에는 그 사람들도 행복해지는 것 같아요. 주위 사람은 결국 내가 행복해지기를 진정으로 바라는 사람이니까, 내가 행복해질 수 있는 선택을 하면 주위 사람도 장기적으로는 행복해질 수 있는 것 같더라고요. 그래서 주위 사람 평가에 너무 연연해하면 안 되겠다는 생각을 했습니다.

마지막으로, '미래의 결과에 미리 욕심을 내지 말자'는 것입니다. 내가 선택을 하고 나름대로 열심히 노력을 하고 운이 따라주면 좋은 결과가 나오는데, 그런 과정을 다 거치기도 전에 먼저 결과에 대해서 욕심을 내고 결과만 가지고 생각을 하다보면 또 판단을 그르치기 쉽습니다.

요약하자면, 중요한 결정을 할 때면 과거는 잊어버리고 주위 사람의 평가에 연연하지 말고 앞으로 다가올 결과에 대해서도 욕심 내지 말아야 한다는 거에요. 지금 현재 주어진 것만 보고 어떤 선택을 하면 내가 정말 의미를 느낄 수 있고 재미있게 임할 수 있고 잘할 수 있는지 그것만 보는 게 맞다고 생각했어요. 그런 관점에서 생각을 해보니까, 의대 교수 일도 저한테는 정말 의미 있는 일이었고 재밌게 할 수 있는 일이었고 나름대로 잘할 수 있는 일이었어요. 하지만 컴퓨터 바이러스 백신 만드는 사람이 우리나라에서 저 혼자였거든요? 그러면 의미가 더 크죠. 재미로 따져도 더 재밌었던 거 같아요. 하지만 새벽 3시에 일어나는 게 7년째에도 너무 괴롭더라구요. 그건 적응이 안 되더라구요. 그래도 일하다 보면 세 시간이 금방 가요. 그러니까 확실히 재밌게 할 수 있던 일이고 같은 정도로 잘할 수 있는 일이었던 것 같아요. 그런 식으로 생각을 하니까 마음 정리가 되었어요. 그래서 의대 교수직 사표 내고 새롭게 시작한 게 안연구소라는 조그만 벤처기업의 시작이었던 셈이죠.

안철수연구소 설립

경영에 대한 기본적인 질문들

사람이 나이가 들어서 다른 직업을 택하면 어려운 점이 많지요. 어릴 때부터 계속 그 일만 해오던 사람하고 비교해보면 사실 경쟁이 안 되거든요. 그래서 다른 분야에서 처음

❝

중요한 결정을 할 때면 과거는 잊어버리고,
주위 사람들의 평가에 연연하지 말고,
그리고 앞으로 다가올 결과에 대해서도 욕심 내지
말아야 해요. 지금 현재 주어진 것만 보고
어떤 선택을 하면 내가 정말 의미를 느낄 수 있고
재미있게 임할 수 있고 잘할 수 있는지
그것만 보는 게 맞다고 봅니다.

❞

이 분야로 진입한 사람은 항상 불리한데 어떻게 보면 유일한 점이 있더라고요. 기존에 하던 사람이 너무나 당연해서 다시 쳐다보지도 의문을 던지지도 않을 명제를, 처음 오는 사람들은 새롭게 질문하고 새롭게 생각해보는 기회를 가지게 되거든요. 저 같은 경우도 마찬가지로 아주 기초적인 질문부터 해보았어요. 저는 의사였고, 프로그래머였고, 대학 교수였죠. 모두 어떻게 보면 전문가, 그러니까 자기 혼자 열심히 해서 스스로 전문성을 쌓고 자기가 열심히 한 만큼 결과가 나오는 완전히 전형적인 전문가 일이잖아요. 조직에 대한 경험도 없고 경영에 대한 개념도 전혀 없는 사람이 조직을 경영해야 하는 상황이었죠. 제가 생각이 정리되어야 어떤 일에 뛰어들 수가 있는 성격이다 보니, 몇 가지 가장 기초적인 것을 스스로에게 물어보았어요. 어처구니가 없을 만큼 간단한 질문들이에요.

"왜 사람들이 모여서 일을 해야 하지?"

첫 번째 질문. '왜 사람들이 모여서 일할 필요가 있는가? 지금까지 난 나 혼자 일해서 충분했는데.' 이 질문에 대해 저 나름대로 생각을 정리해보았어요. '사람이 모여서 일을 하는 이유는 한 사람이 할 수 없는 크고 의미 있는 일을 이루기 위해서 여럿이 모여서 함께 만들어 가는 것이다'라고 정리할 수 있었어요.

"자본주의 사회에서 회사가 존재하는 의미는?"

두 번째로는 '회사라는 것이 도대체 어떤 의미를 가지는가? 특히 자본주의 사회에서 회사가 어떠한 의미인가?'를 생각해보았어요. 존재 의미에 대해서 가장 잘 알 수 있는 방법 중의 하나가 역질문을 던지는 것 같아요. '만약에 이 존재가 이 사회에 없다면 우리 사회는 무엇을 잃어버리는가?' 하는 질문을 던지면 존재의 의미를 더 잘 알 수 있는 것 같아요. 당시 떠올려보았던 게, 디즈니라는 회사였어요. 디즈니라는 회사가 그 자체로도 좋은 회사이긴 하지만, 만약에 디즈니가 이 세상에 없다면 자라나는 어린이들의 어떤 꿈 같은 것이 사라지는 거잖아요. 거기서 보면 공주도 나오고 왕자도 나오고 자라나는 어린이는 그런 것을 한 번씩 꿈으로 품고 살아갈 터인데 디즈니가 없으면 그런 것 없이 자라날 수밖에 없잖아요. 그래서 '자본주의 사회에서 기업이라는 것이 가지는 진정한 의미는 함께 살아가는 사회를 풍요롭게 만들 수 있는 존재'다. 그러니까 기업 자체가 회사에서 일하는 사람이 자아실현을 하는 장과 같이, 단순히 투자자에게 수익을 낼 수 있는 것 이상의 의미를 가진 귀중한 존재가 될 수 있다는 생각을 했어요.

"기업의 목적은 수익 창출인가?"

세 번째로 던진 질문은 '기업의 목적은 수익 창출이다'라는 말에 대한 것이었어요. 이것이 일종의 상식인데, 수익 창출이라는 것이 기업의 목적이라는 말이 저는 아무리 생각해봐도 조금 이상하더라고요. 예를 들면, 새로 문을 연 빵집이 있어요. 빵집이 돈을 벌기 위해서는 맛있고 건강에 좋은 빵을 열심히 잘 만들어서 값싸게 내놓는 거잖아요. 그러면 사람들이 옆의 빵집과 비교를 해봐서 훨씬 더 값이 저렴하면서 맛있고 건강에 좋으면 그 빵집의 빵을 사거든요. 그러면 그 결과로 빵집은 돈을 벌어서 수익이 생겨요. 이 과정을 보면 일을 열심히 한 빵집이 자기 일을 열심히 한 결과로 수익이 생기는 것이지, 목적으로 생기는 것은 아니더라고요. 그런데 만약에 빵집의 목적이 돈 버는 거라면, 목적이라는 것은 수단을 정당화시킬 수 있는 힘이 있잖아요. 그러면 돈을 벌기 위해서는 값은 싸지만 건강에 안 좋은 재료를 중국에서 가지고 와서 빵을 만들어 팔면 돈을 벌 수 있어요. 그럼 빵집만 돈을 벌고 그것을 사 먹은 사람은 건강을 해치니까 그 빵집은 오히려 사회에 있으면 안 되는 존재가 되는 것이죠. 이게 저는 도저히 납득이 안 되더라고요. 그래서 제 생각을 정리했어요. '수익이라는 것은 기업 활동을 열심히 한 결과다.' 이렇게 생각하는 게 저에게 납득이 되더라고요.

이런 세 가지 생각을 가지고 일을 시작했어요. 나중에 10여

● **피터 드러커** Peter Ferdinand Drucker, 1909~2005

피터 드러커는 1909년 오스트리아 출생으로 프랑크푸르트대학교에서 법학박사학위를 받았다. 기업의 성공을 이끄는 열쇠는 '사람(직원)'에 달려 있다고 하면서 '비전'을 제시할 수 있는 리더의 자질을 강조하였다. 그가 제시한 '동기부여' 기술은 인텔과 시어스 등 미국 대기업에 채택되었다. 드러커는 1943년에는 미국 최대 자동차업체 제너럴 모터스GM의 컨설팅을 담당했고 1947년 '마셜 플랜'에 고문 자격으로 참여했다. 1950~1971년 동안에는 뉴욕대학교 경영학부에서 학생들을 가르쳤다. 〈월스트리트저널〉의 정기 기고자로도 활동했으며 1971년부터는 클레어몬트대학교 경영대학원 교수로 재직했다. 혁신, 기업가 정신, 변화하는 세계에 대처하는 전략 등과 관련된 30여 권에 이르는 경영 관련 저서를 남겼다. 대표작으로는 『산업인의 미래The Future of Industrial Man』, 『21세기 지식경영Management Challenges for the 21st Century』 등이 있다. 그의 저서는 현재 20여 개 언어로 번역돼 판매되며 한국에서도 다수가 발간됐다. 2005년 95세의 나이로 타계했다. (출처: 「'현대경영학의 아버지' 피터 드러커 타계」, 〈이데일리〉 2005년 12월 11일자)

년 지나서 생각을 해보니까, 이 세 가지 기본적인 생각이, 시작은 종이 한 장의 차이일 수도 있는데 결국 커다란 다른 결과를 만들어냈어요. 경영을 하면서 경영학 공부를 열심히 했는데, "수익이라는 것이 기업 활동의 결과이지 목적이 아니다"고 말한 사람을 만났어요. 그 사람이 현대 경영학의 아버지라고 불리는 피터 드러커였어요. 그래서 이게 저 혼자만의 생각이 아니고 오히려 경영학 분야에서는 교과서에 나오는 아주 당연한 이야기라는 것을 알았어요. 오히려 '기업에 있어서 수익이라는 것이 목적이다'라고 하는 참고문헌을 찾지 못했어요. 그래서 나중에는 왜 이것이 상식이 되었는지 오히려 의문을 품게 되었어요. 어쨌든 초기에 이런 생각을 하면서 기업을 만들었어요.

안철수연구소 설립: 시작의 어려움

처음 기업을 시작할 때는 공통적인 세 가지 문제에 모든 사람이 부딪치게 돼요. 빌 게이츠도 예외가 아닌데요. 첫 번째로는 회사를 운영할 자금이 부족하고, 두 번째로는 좋은 사람을 구하기가 힘들고요. 세 번째로는 대부분의 창업자가 처음이다 보니 경영능력이 굉장히 부족하거든요. 그런데 사람들이 자기가 모르는 분야는 잘 보이지 않다 보니 저도 제가 무엇을 모르는지 모르고 일단 시작을 한 거죠. 결과가 잘 안 나와서 원인을 추적해보니, 다른 것들은 다 제쳐두고 결국 문제는 제 자신이었어요. 회사가 잘 경영이 안 된다는 것은 저한테 문제가 있다는 건데, 제가 무엇을 못하는 건지 도저히 알 수가 없었어요. 어떻게 보면 그게 당연한 거죠.

고민 끝에 제가 선택할 수 있는 유일한 방법은 가능한 한 짧은 시간 내에 남들이 해놓은 시행착오나 간접 경험을 최대한 많이 해보는 것이었어요. 그래야 제가 시행착오를 줄일 수 있으니까요. 그 방법이 경영학을 공부하는 것이라고 생각해서 찾아보니 당시 펜실베이니아대학교University of Pennsylvania에 기술관리MOT: Management of Technology 프로그램이 있어요. 엔지니어들에게 경영을 가르쳐주는 것으로 MBAMaster of Business Administration하고는 다른 프로그램이었어요. 한국식으로 따지면 기술경영전문대학원으로, 지금 제가 이 분야를 가르칩니다. 그 과정에 입학을 해서 공부를 시작했어요. 당시 CEO인데도 미국에 가서 공부할 수 있었던 것은, 처음에 회사를 만들 때 한글과컴퓨터사에서 저는 연구만 하면 마케팅과 세일즈는 자신들이 해주겠다고 한 덕택이었어요. 그래서 제가 매일 세일즈하러 돌아다니지는 않아도 되었어요. 연구소장 역할이니까 미국에서 공부를 하면서도 일을 할 수 있었어요. 제가 있었던 필라델피아하고 한국 사이에 열세 시간 시차가 있어서, 한국에서 종일 일을 해서 저녁에 저한테 이메일을 보내면, 필라델피아는 아침이거든요. 그것을 보고 나름대로 생각을 정리해서 결정도 해주고 제안도 해주면서 저녁에 이메일을 쓰면 한국은 아침에 받아요. 그렇게 경영을 시작한 거죠. 경영학 배우다보니까 제가 그전까지 했던 공학이나 의학과는 다르게, 굉장히 실용적이어서 바로바로 현실 적용이 가능했어요. 예를 들면 조직 관리에 대해서 수업을 듣다가 숙제를 받았어요. 보니까 대략 30명 정도 직원이 있는, 실제 존재하는 조직을 대상으로 현재 조직도상의 문제점을 파악하고 그것을 현재 상황에서 가장 적합하게 조직을 재구성하라는 숙제였어요. 그럼 저는 당연히 안철수연구소를 대상으로 새롭게 조직도를 구성한 다음에 숙제를 제출하고, 그것을 한국에 보내면 그날 연구소는 조직개편이 이루어지는 거지요. (청중 웃음) 그런 식으로 2년이 지나 졸업을 하게 되었죠.

IMF 환란

한글과컴퓨터사의 사정이 너무 안 좋아져서 마이크로소프트에 〈훈글〉을 넘긴다고 했던 시절이었어요. 그런 상황에서 한글과컴퓨터사가 도저히 더 이상 경영을 도와줄 수가 없으니 안연구소가 독자적으로 경영을 하라고 했지요. 97년에는 IMF 환란이 있었어요. IMF 환란 직전에 제가 엄청나게 아팠어요. 제가 미국에서 공부하는 2년 동안 이틀에 하루밖에 잠을 못 갔기 때문이에요. 제가 잠이 적어서가 절대 아니었어요. 서른셋에 처음으로 어학 코스 하나도 안 하고 수업 전날 미국으로 갔어요. 그러니까 영어가 하나도 안 들리죠. 거의 영어를 알아듣지 못하는 상황에서 공부를 시작했고, 경영학에 대해서 한글로도 못 배운 사람이 영어로 개념정리부터 공부를 해야 했죠. 게다가 출석부를 보니까 제가 1번이더라고요. 제가 왜 1번이냐고 물었더니 알파벳순이래요. (청중 웃음) 제가 성이 A로 시작하고 이름이 C로 시작하잖아요. 제가 영어 이름은 '찰스'니까. (청중 웃음) 보통 미국에서 경영학 가르치시는 분은 스타일이 있어요. 제가 특히 무서워했던 마케팅 교수님이 계시는데 그분은 수업이 시작되면 뒤쪽의 문을 열고 교탁까지 오시는데 문을 열 때 출석부를 들고 들어와요. 그러면서 걸어오면서 시켜요. 그 시간도 아까워서……. 항상 저부터 시키는 거예요. 미국에서는 수업이 토론 위주로 진행이 돼서, 수업 전날 미리 읽을 교재를 백 페이지 정도 주고, 그것을 다 읽어온 다음에 토론을 하는 방식으로 진행이 돼요. 그러려면 백 페이지를 다 읽어야 하는데 그 당시 제 영어 실력으로 아무리 잘 읽어도 한 시간에 열 페이지 넘게 읽기는 힘들었어요. 그러니 백 페이지를 읽으려면 열 시간이 필요한데, 그러려면 밤을 새서 읽어 가야 하더라고요. 안 읽고 들어가면 거의 비인간적으로 창피를 당하기 때문에 도저히 안 읽고 들어갈 용기는 없고요. 선택은 둘 중에 하나였어요. 밤을 새워서 다 읽고 수업에 들어가든지, 아예 수업에 들어가지 말든지. 그런데 저는 학위를 받으러 미국까지 갔던 것이 아니잖아요. 최

대한 짧은 시간에 간접 경험을 많이 하려고 갔는데 만약 수업 시간에 안 들어갈 거면 미국에 있으면 안 되죠. 한국 들어가서 경영을 해야죠. 그러니까 저한테는 선택의 여지가 없었어요. 그래서 이틀에 한 번밖에 못 자게 되었죠.

7년 동안 새벽 3시에 일어나서 일하고, 그 다음에 연이어 2년 동안을 이틀에 하루만 자는 생활을 하고 나니 견딜 재간이 없더군요. 바로 쓰러졌죠. 10월 말에 병실에 들어가서 상황이 계속 악화되는데 11월 둘째 주쯤에 한국 정부가 IMF와 조약에 서명을 하는 것이 병실 텔레비전에 나오더라고요.

저도 건강이 계속 악화되고, 국가도 부도 위기인 상황에서, 안연구소와 같은 조그만 벤처기업이야 태평양에서 풍랑 맞은 조각배 신세였죠. 하지만 결과적으로는 위기가 아니라 기회가 되었어요. 경영학 배운 것이 큰 힘이 되었어요.

1997년 12월 3일 세종로청사에서 캉드쉬 IMF 총재가 지켜보는 가운데 당시 임창열 부총리와 이경식 한국은행 총재가 IMF 긴급자금지원 의향서에 서명하고 있다.
(사진출처: 연합뉴스)

경영학 2년 배우고 나니, 머릿속에 든 것은 하나도 없고 무섭기만 하더라고요. 공포감만 남았어요. 제가 경영학 배우기 전에는 '기술자는 아무나 못하지만 경영은 아무나 할 수 있다'고 생각했어요. 그게 일부분은 맞는 게 좋은 의사가 되려면 시간이 굉장히 많이 걸리잖아요. 의대 6년에다 인턴, 레지던트, 군의관까지 해야 하니 만 서른세 살 정도가 되어야 비로소 병아리 의사로 시작할 수 있어요. 좋은 프로그래머가 되려면 또 얼마나 어려워요? 적성에 맞아야 하고 그 두꺼운 원서 다 익혀야 하고 갖가지 시행착오를 거쳐야만 해요. 자기가 만든 프로그램에 생긴 버그 때문에 이틀 사흘 끙끙 앓다가 해결을 하면 그때 비로소 조금씩 실력이 늘어요. 그게 쌓이면 좋은 프로그래머가 되는 거지요. 그러니까 기술자는 아무나 될 수 있는 것이 아니거든요. 그런데 경영은 자격증이 없어도 할 수 있으니 아무나 할 수 있는 거라고 생각했죠. 저도 그 당시에는 경영이라는 것은 그 회사가 지금 현재 처해 있는 상황에서 최선의 판단을 하는 거라고 단순하게 생각을 했어요. 이런 상태에서 경영을 배우기 시작했어요.

경영을 아주 쉽게 구분하면 다섯 가지 분야로 나눌 수 있어요. 첫 번째는 숫자를 다루는 회계와 재무가 있고, 두 번째는 마케팅이 있고, 세 번째는 경영전략이 있고, 네 번째는 일하는 프로세스를 다루는 생산 관리 operations management, 다섯 번째는 인사나 조직 관리 분야가 있어요. 지금 현재 회사가 처한 상황에 이 다섯 분야에 대해 최선의 판단을 하는 게 경영자가 해야 하는 첫 번째 단계예요. 이후로 난이도가 조금씩 올라가는데, 그 다음 단계로 이 다섯 분야가 서로 영향을 미치는 것을 고려해야 해요. 예컨대, 텔레비전 광고를 하면 가장 효과는 좋겠지만 돈이 없어서 라디오 광고를 선택하는 경우는 마케팅과 재무가 연결이 되어 있다는 증거지요. 이렇게 이 다섯 분야가 서로 영향을 미치는 거예요. 여기에 난이도가 하나 더 올라가요. 주위 상황이 가만히 있지 않지요. 끊임없이 세계 환경이 바뀌고 소비자의 요구가 바뀌죠. 그러면 경영자는 주위 상황 속에서 서로 영향을 미치는 이 다섯 분야에 대해 실시간으로 최선의 선택을 해야 해요. 그럼 굉장히 복잡해지죠. 그런데 그것이 끝이 아니에요. 경영자가 전문가와 다른 점은, 자기만 알면 안 된다는 거예요. 나름대로의 전략을 세웠다면, 그것을 직원의 눈높이에 맞추어 의사소통하고, 이해시키고, 동기부여해주고, 일할 수 있는 인프라를 만들어주고, 실행한 것을 인사 평가 시스템에 반영하는 보상 시스템을 만들어주고……. 이런 일을 통해서 자기의 머릿속에 있는 일을 다른 사람이 하게 만드는 것이 경영이지요. 처음에는 한 부분만 생각했다가 경영이라는 것이 이렇게 넓은 분야가 있다는 것을 처음 알게 된 거예요. 전체 그림을 한번 보고 나니까 더 자신이 없더라고요. 이렇게 복잡하고 실시간으로 결단을 계속 내려야 하는 그런 것을 도저히 잘할 자신이 없었어요. 그래서 공포감만 남게 되었죠.

고민 끝에 제가 할 수 있는 유일한 선택은 위험 관리 risk management라고 생각했어요. 제가 경영자로서 얼마나 부족한지, 모르는 분야가 얼마나 많은지를 깨달았기 때문에, 가능하면 리스크를 최소화하는 경영을 하기 시작했어요. 투자가 필요하면 가능한 한 빚을 얻어 쓰지 않고 자기 자본으로 썼고, 같은 비용을 쓸 때도 고정비용으로 안 쓰고 변동비용화해서 썼어요. 그럼 기본적으로 리스크를 많이 줄일 수가 있거든요. 그런 식으로 회사를 경영했는데, IMF 환란이 오면서 공격적으로 빚을 얻어서 경영하던 회사가 다 쓰러지고 외국 회사의 지사는 다 문을 닫았는데 안연구소는 빚이 최소였고 비용구조가 워낙 유연해서 살아남을 수 있었어요. 그 시기부터 빌딩 임대료를 비롯해서 여러 가지 비용이 줄기 시작했어요. 또 그때부터 중소기업으로 훌륭한 인재가 오기 시작했어요. 그러다보니 IMF 환란이 위기가 아닌 기회가 되었어요. 그 당시 제 생각에 최소한 5년 정도는 있어야 이 위기가 극복이 될 테니까 제가 할 수 있는 일은 준비하는 것이라고 생각했어요. 그래서 내부적으로 연구와 개발R&D에 투자하고 인사 시스템을 만들고, 외부적으로는 채널망을 통해서 협력업체를 많이 만들었죠. 이런 일을 하면서 1998년도를 보냈어요.

안철수연구소의 성장

CIH 사건

바로 1년 후에 기회가 찾아왔어요. 1999년 4월 26일 아침 9시에 우리나라에서 대략 30~50만대의 컴퓨터가 동시에 다 망가졌어요. 당시 우리나라 PC 숫자라고 해봤자 그렇게 많지 않았거든요. 그러니까 엄청나게 큰 공황에 빠졌고요. 9시 뉴스 첫 기사로 IT 분야 뉴스가 뜬 것이 그때가 처음인 것 같아요. 이후로 시장이 1년 동안 네 배가 성장했어요. 그러다 보니 안연구소가 처음으로 자리를 잡으면서 매달 월급 걱정하는 수준에서 탈피한 거죠. 그렇게 자리잡을 수 있었어요.

벤처거품

'99년'하면 두 가지 생각이 더 나는데, 그 가운데 하나는 '벤처거품'이에요. 99년에 벤처기업은 성공의 보증수표로 통했어요. 백 퍼센트 성공한다고 해서 시골에서 농사짓던 분들이 농협에서 대출받아 서울에 있는 아이들한테 돈 보내서 벤처기업에 투자하게 하고, 퇴직한 사람들은 퇴직금 모두를 집어넣고 그랬어요. 제가 걱정이 돼서 경고를 해야겠다는 생각이 들었어요. 왜냐하면 산업과 투자자는 같이 성장해야 해요. 같이 성공을 주고받는 관계니까. 그런데 '묻지마 투자'를 해서 실패하는 사람이 많아지면 다시 투자를 안 해요. 그러면

● CIH 바이러스

CIH 바이러스는 마이크로소프트 윈도에 감염되는 컴퓨터 바이러스로, 체르노빌Chernobyl 바이러스로도 불린다. '체르노빌 바이러스'라는 이름은 바이러스가 활동하는 날짜인 4월 26일이 구소련에서 체르노빌 원자력 발전소 사고가 일어난 날짜와 우연히 일치했기 때문이다. 〈워싱턴포스트〉지에 따르면, 당시 CIH는 전 세계를 휩쓸면서 약 60만 대의 컴퓨터에 타격을 주었는데, 특히 한국과 터키를 강타하여 수억 달러 상당의 컴퓨터 장비와 사업상의 손실을 가져왔다. 한국은 전체 컴퓨터의 15퍼센트 가량인 30만 대의 컴퓨터가 이 바이러스에 감염되었고, 터키는 에게해 연안 이즈미르 공항의 일부 컴퓨터가 감염되고 국영방송과 TV, 은행의 컴퓨터들도 타격을 입었다. 이 밖에도 CIH 바이러스는 방글라데시와 인도, 중국 등 아시아와 아랍에미리트연합UAE 등 세계 곳곳의 컴퓨터 수십만 대의 하드 드라이브에 문제를 야기했다. (출처: [CIH 바이러스] 「한국 최대피해」 WP 보도, 〈한국일보〉 1999년 4월 29일자)

벤처사업의 미래는 어둡다고 생각을 한 거죠. 그래서 제가 경고를 하면 사람들이 조심스럽게 투자를 하고 그 결과로 성공을 하면 벤처사업이 더 발전할 수 있을 거라고 생각을 했지요. 그래서 저랑 친한 기자 한 분을 불러서 인터뷰를 했어요. 그 다음날 신문에 난 것을 보고 깜짝 놀랐어요. 당시 전면 인터뷰 기사가 거의 없었던 시절인데, 〈조선일보〉에 전면인터뷰 기사가 났고 제목을 '벤처기업 95% 망한다'라고 뽑은 거에요.

그날이 99년 11월 11일인데 제 평생 가장 고생했던 날이었어요. 아침에 전화가 왔어요. 자기가 벤처기업 사장인데 어젯밤까지 투자하기로 했던 사람이 아침에 제 인터뷰를 읽더니 투자를 철회했대요. 그러니까 물어내라고. 그 다음에 다른 사람이 전화를 했어요. 받았더니 5분 내내 욕을 하고 끊어요. '아, 정말 한국말로 다양한 욕을 할 수 있구나!' (청중 웃음) 제가 그때 했던 이야기는 벤처거품이 심각한데 이대로 계속 가면 내년에는, 즉 2000년에는 세 가지 일이 생길 거라는 말이었어요. 첫 번째로는 벤처기업에 잘못 투자해서 자본을 날린 투자가가 많아질 것이고, 두 번째로는 벤처기업 경영자 중에서 경제 사범이 등장할 것이고, 세 번째로는 코스닥은 하락 곡선을 그릴 것이라고 이야기를 했어요. 이 이야기가 결국 맞기는 했지만 그때 저의 바람은 그런 일이 생기지 않기 위해서 조심스럽게 투자해야 한다는 이야기를 하는 거였는데, 결

컴퓨터 바이러스연구소 안철수 소장의 '쓴소리' "벤처기업 95%가 망할것······ 투자가들 돈날릴게 뻔해" 〈조선일보〉 1999년 11월 11일자

국은 바뀐 것은 없고 욕만 먹었어요. 벤처거품이 꺼지기 시작한 게 그 다음해 3월인데, 지금 지수로 2900 정도까지 올라갔다가 300 이하까지 추락했지요.

Y2K 사건

세 번째는 Y2K예요. Y2K 사건이 99년에 있었어요. 그것을 경험했던 한겨레신문 기자분이 재작년에 10년 전 사건을 회고하면서 기사를 썼어요. 기사를 조금 읽어 드릴게요.

기자로서 직접 경험한 두 가지 사례를 기억한다. 99년 12월, 정보통신부를 출입하던 시절이었다. 당시 정부와 아이티IT 업계의 최대 관심사는 밀레니엄Y2K 바이러스였다. 2000년 1월 1일 0시에 바이러스가 창궐하고 전산오류까지 겹쳐 컴퓨터 대란이 일어날 것이라는 경고였다. 바이러스 백신업체들은 천 년에 한 번 오는 대목을 놓칠 수 없었다. 책상 위에는 날마다 쏟아져 들어오는 보안 관련 제품 보도자료가 수북이 쌓였다. 안철수연구소만 예외였다. 침묵을 지키던 안철수연구소가 기자들의 성화에 못 이겨, 보도자료 하나를 냈다. 내용은 의외였다. 면밀한 분석과 조사 결과, 큰 문제는 발생하지 않을 것으로 보인다는 것이었다. 기자실에서 밤을 새워 대기한 기자들은 안철수연구소의 예상대로

"안철수연구소, 안철수를 해부하다" 〈한겨레〉 2008년 7월 5일자

평온하게 1월 1일 0시를 맞았다.

배경 설명을 잠깐 드리면, 그때 한번 조사를 해봤어요. 당시 바이러스 쪽의 기술 패러다임에 대한 이해가 필요한데, 4월 26일 CIH 바이러스가 수십만 대 컴퓨터를 한꺼번에 망가뜨린 그 사건은 그날 하루에 생긴 것이 아니라, 사실은 석 달 동안 계속 생겼던 일이에요. 석 달 동안 바이러스가 한 컴퓨터에서 그 다음 컴퓨터로 사람들 몰래 계속 복사가 되어서 4월 25일 밤에는 수십만 대가 감염이 되어 있었던 거예요. 그러다가 4월 26일에 시한폭탄처럼 터져서 하드 디스크를 지워버린 거죠. 그래서 그 당시 저런 일이 생기려면 12월 중순쯤이면 이미 많은 컴퓨터에 사람들 모르게 깔려 있어야 1월 1일 0시가 되면 컴퓨터가 망가질 수가 있는 거지요. 그런데 실제로 조사해보니까 Y2K 바이러스가 걸려 있는 컴퓨터가 거의 없었어요. 그래서 Y2K의 모든 문제 중 바이러스 문제는 안 생길 것이라고 백 퍼센트 확신할 수 있었어요. 그런데 어느 날 신문을 보다보니까 광고가 실렸어요. 외국 백신 회사도 있었고 경쟁사인 한국 백신 회사도 있었는데, Y2K 바이러스 피해를 줄이기 위해서 공익적인 목적으로 원가 세일을 한다는 광고였어요.

전문가 입장에서 보면 뻔한, 새빨간 거짓말을 하는 거지요. 제가 별로 화를 내는 스타일은 아닌데, 그날은 제가 화가 머리끝까지 나서 보도자료를 냈어요. 요즘도 안연구소가 보도자료를 내면 객관적으로 내는 것이 전통이에요. 그래서 한번 내면 매체에 보통 열 개 정도 실리는 것이 평균인데, 그때만 엄청나게 적게 실렸어요. 실린 매체 중 하나는 이제 지금은 이름이 바뀐 〈내외경제신문〉이고, 또 하나는 〈경향신문〉이었어요. 지금은 KBS로 간 기자 한 분이 보도자료를 보고 실으려고 했는데 데스크에서 거부당해서 고민을 하다가 데스크 검열을 하지 않아도 되는 '기자수첩'에다 실었다고 해요. 그것을 보면서 정말 사회의 관성이라는 것이 얼마나 무서운지 처음 깨달았어요. 예를 들면, 한 기자분이 기사를 써요. 그런데 그것이 틀렸다는 것을 알아요. 그러면 이 사람이 자신의 이름으로 반대되는 내용의 기사를 쓸 수 있을까요? 못 써요. 본인 스스로 못 쓰는 경우도 많고, 본인이 용기를 내서 쓰려고 해도 데스크에서 잘려요. 그래서 반대되는 내용의 기사가 나가는 일은 좀처럼 생기지 않아요. 이런 것이 쌓이고 쌓이면 사회의 관성이 되는 거지요. 심한 경우에는 사회 구성원 모두 잘못된 방향이라는 것을 뻔히 알면서도 그 방향으로 계속 가는 일이 사회에서는 발생하곤 해요. 제 자신도 1999년에 벤처 거품과 Y2K 바이러스 문제를 경고했는데 고생만 하고 욕만 듣고 바뀌는 게 없는 것을 보면서, '사회적인 발언을 할 만한 값어치가 있는가?' 하는 회의가 들었어요.

    3년 뒤에 생각이 바뀌는 계기가 찾아왔어요. 노무현 대통령이 취임하면서 침체된 벤처기업을 다시 한번 살릴 수 있는 방안을 강구해보자는 취지로 대규모 회의를 열었어요. 청와대 밖에서 연 회의인데, 경제부총리를 포함해서 장관급만 다섯 명 정도 참석하고 벤처기업, 학계 등 여러 분야 사람이 다 참여하는 큰 회의였어요. 보통 정부에서 주최하는 회의는 거기에서 제일 높은 분이 마무리 발언을 하는데, 그 회의 말미에 경제부총리께서 '벤처기업의 95퍼센트가 망한다는 것이 국민상식이 아니냐?'고 물으시는 거예요. 그 자리에 있었던 50여 명 중에서 한 사람도 그 말이 원래 제가 했던 것이었다는 것을 기억하는 사람은 아무도 없었지만, 저한테는 굉장히 가슴 벅찬 순간이었어요. 사람의 기억이 바뀔 수 있다는 것을 깨달았던 거지요.

혹시 그거 아세요? 옛날에 닉슨 대통령이 마오쩌둥을 방문한 적이 있어요. 미국과 중국이 국교가 단절되었던 건 아주 옛날이에요. 닉슨 전에도 미국 대통령이 새로 당선되면 중국과 정상회담을 하긴 했지만 국교가 정상화되지는 않았어요. 닉슨이 대통령에 당선된 다음에 중국에 갔을 때 전문가에게 "이 회담 결과가 어떻게 될 것이라고 생각하십니까?" 하고 물었다고 해요. 이 질문에 전문가 가운데 20퍼센트만 성공할 것이라고 대답하고 80퍼센트는 실패할 거라고 예상했대요. 그런데 회담 결과가 대성공을 거두어서 본격적으로 국교 수립이 되었어요. 그 직후에 회담 전에 물었던 동일한 전문가

> **●크리핑 디터미니즘**Creeping Determinism, 사후편향판단
>
> 심리학자 바루흐 피쇼프Baruch Fischoff가 만든 용어로, 사람들이 사태가 벌어진 후에, 뒤늦게 사태의 불가피성을 확신하는 경향을 말한다. 그는 이러한 현상이 사람들이 일어난 사건을 재구성하는 과정에서 사건의 발생 확률이 높았던 것으로 인식하는 경향이 있어서 이로 인해 예상하지 못했던 사건을 예상했던 사건으로 인식하는 현상이 발생한다. (출처: 『그 개는 무엇을 보았나』, 말콤 글래드웰 저, 김태훈 역, 김영사, 2010, 266쪽)

에게 가서 다시 물어보았대요. '회담 열리기 전에 저한테 뭐라고 하셨어요?' 이 질문에 전문가들의 80퍼센트가 '성공할 것이라고 말했다'고 답하고 20퍼센트만 '실패할 거라고 말했다'고 응답했다고 해요. 이런 것을 '크리핑 디터미니즘'이라고 해요.

사람들이 세상을 살다보면 힘드니까 자기 합리화를 하고 자기 기억을 왜곡시켜요. 예를 들어서 친구들끼리 이야기를 하는데 같은 경험을 했는데도 각자 다르게 기억을 하는 경우가 있어요. 그럼 친구가 머리가 어떻게 되었기에 저렇게 기억하나 생각할 수 있지만, 확률적으로 50퍼센트는 그 친구 기억이 정확하고 자기의 기억이 잘못된 것이죠. 심하게는 자기가 가진 기억 가운데 절반은 가짜일 수 있어요. 자신의 무의식이 자기 마음 편하게 하려고 바꾸어놓은 것이지요. 다

시 이야기하던 것으로 돌아가면, 1999년 당시 저를 욕을 했던 사람조차도 '자신은 10년 전부터 벤처기업 성공률이 5퍼센트도 안 된다고 생각했다'고 기억을 바꾸어놓은 거지요. 자기 기억을 바꾸어놓은 사람들을 보고 있으니까 기분이 참 묘했지만, 그때 사회적인 발언을 할 값어치가 있다는 것을 깨달았어요. 그 순간은 힘들고 아무런 효과도 없지만 그것을 시작으로 사람들의 기억이 조금씩조금씩 바뀌면서 결국은 올바른 방향으로 바뀔 수 있다는 것을 알게 되었죠. 사실 벤처기업인이 사회적 발언을 하기 힘들어요. 먹이사슬 가운데 있기 때문에, 말을 잘못하면 회사에 도움이 안 되고 오히려 다쳐요. 그런데도 사회적인 발언을 해야겠다는 생각을 해서 그때부터 두 달 간격으로 제 홈페이지에 글을 썼는데, 그게 다 이슈가 되어서 〈연합뉴스〉에 나오고 모든 신문에 나왔어요. 거의 몇 년 동안 글을 썼던 것 같아요. 그 당시 제가 했던 말들이, '빌 게이츠도 한국에서 사업하면 실패할 수밖에 없다'든지 '한국이 인터넷 강국이라고 하지만 실은 인터넷 소비강국이다'와 같은 것들이었습니다.

안철수연구소의 변화

"인생의 본질은 좋은 시기가 아니라 어려운 시기에"

2003년이 되면서 갑자기 위기가 찾아왔어요. 제가 CEO를 10여 년 하면서 2년 정도 가장 고생을 많이 했던 시기가 이 시기인데요. 다 지나고 나서 나중에 뒤돌아보니까 그때가 가장 고마웠던 시기더라고요. 인간적으로도 성숙할 수 있었고 CEO로도 많이 배울 수 있었던 고마웠던 시기였어요. 그때도 고민을 많이 하면서 생각 정리를 했었는데, 나름대로 깨달았던 것이 있어요. 사람도 조직도, 심지어 국가도 계속 잘되기만 하는 것은 없고, 계속 안 되기만 하는 것도 없는 법이지요. 항상 좋은 시기가 있으면 나쁜 시기가 오고, 다시 또 좋은 시기가 오는 반복인데, 어쩌면 '인생의 본질은 좋은 시기가 아니라 어려운 시기에 있는 것은 아닐까' 하는 생각이 들었어요. 왜냐하면 보통 사람은 좋은 시기에 조금이라도 더 잘되기 위해서 정말 노력을 많이 해요. 그런데, 정작 나쁜 시기를 잘못 보내면 다시는 회복을 못하고 추락하는 경우가 있어요. 그러니까 결국 아주 길게 인생을 놓고 보면 정말로 인생의 결과를 좌우하는 것은 어려운 시기를 어떻게 보내느냐에 있는 것이지, 잘되는 시기에 조금 더 잘되고 못되고는 전체 결과에 아무런 영향을 못 미치더라고요.

그러면 어떻게 하면 어려운 시기를 잘 보낼 수 있는가?

책에서 배운 것도 아닌데, 나름대로 정리한 생각이 세 가지 정도 있어요. 첫 번째, 유혹에 빠지면 안 돼요. 예컨대, 기업들이 조금 어려울 때 분식회계를 하곤 해요. 없는 재산을 있는 것처럼 보이게 하는건데, 그렇게 하면 은행에서 빚 얻기도 훨씬 더 쉬워지고, 직원들이 회사가 좋아지는 줄 알고 사기가 오르고, 외부에서도 CEO가 경영을 잘했다고 인정해주고 해서 굉장히 달콤한 유혹이에요. 그런데 한번 분식회계를 만들어 놓으면, 즉 한번 가짜 재산이 생기면 절대로 없어지지 않아요. 결국은 나중에 기회가 왔을 때, 즉 좋은 시기가 왔을 때 오히려 이것이 발목을 잡아서 기업을 나락으로 끌어내려요. 즉 어려운 시기일 때 사용하는 편법은 주홍글씨 같아요. 단기간은 편하지만 결국은 좋은 시기에 낭떠러지로 끌어내리는 독과 같다는 생각을 했어요.

두 번째로는 어려운 시기에 문제를 고쳐야 해요. 사람이 문제를 고칠 수 있는 시간이 한정되어 있거든요. 잘될 때 고치는 사람은 거의 없어요. 왜냐면 사람이 원래 약한 존재여서 잘되고 있을 때는 교만해져서 앞만 보고 가거나, 어느 정도 문제를 볼 수 있는 혜안을 가지고 있는 사람들도 바빠서 못 고쳐요. 앞으로 가기도 바쁜데, 문제를 고칠 시간적인 여유를 내긴 힘들어요. 그래서 잘될 때는 문제를 못 고쳐요. 문제를 고칠 수 있는 때는 어려운 때예요. 다른 표현으로 하자면, 어려운 시기라는 것은 문제를 고치라고 하늘이 준 절호의 기회일 수 있어요. 문제들을 고치면서 어려운 시기를 지나고 나서 기회가 오는데, 자기가 준비가 된 상태이면 기회를 자기 것으로 가질 수 있죠. 제가 텔레비전에 나와서 '운이라는 것은 준비와 기회가 만나는 순간이다' 하는 말을 한 것도 그런 맥락에서 말씀 드린 거예요. 어려울 때 문제를 고치면 준비가 된 상태가 돼서 기회를 자기 것으로 만들 수 있는 거죠. 반면에 여전히 똑같은 문제를 가지고 있으면 기회가 오더라도 자기 것으로 만들 수 없는 거죠.

그런데 두 가지를 합쳐 말하면, '어려울 때일수록 유혹에 빠지지 말고 문제를 고치라' 하면 그게 성인이나 할 수 있는 일이지 보통 사람들이 하기는 힘들잖아요. 그래서 다음에 말씀드릴 세 번째 사항인 마음가짐이 중요한 것 같아요.

스톡데일 패러독스 Stockdale paradox라는 것 들어보셨나요? 스톡데일은 베트남 전쟁 때 포로로 잡힌 미군 장성으로, 전쟁 영웅이 된 사람입니다. 전쟁이 끝나고 나서 포로들을 교환할 때 생각보다 많은 미군 포로들이 생존해 있었다고 해요. 그 이유가 이 사람이 포로로 잡힌 이후, 미군 포로들의 사기를 진작시키고 베트남군과 교섭을 잘해서 전쟁이 끝날 때까지 많은 사람들을 살아남게 했다고 합니다. 그러니까 전쟁에서 승리한 사람들보다 어떻게 보면 더한 전쟁영웅일 수도 있지요. 나중에 부통령 후보도 되었어요. 이분에게 도대체 어떤 사람들이 그 어려운 베트남전 포로수용소에서 살아남았는지 물어보았더니, '낙관주의자들은 다 죽고 현실주의자들만 살아남았다'고 했다고 해요. 상식과 반대되는 답이어서, 왜 그런 결과가 나왔는지를 다시 물어보았다고 해요. 이 사람에 따르면, 낙관주의자들은 전쟁이 빨리 끝날 거라고 믿었대요. 그래서 자기도 그렇고 주위 사람들에게 용기를 북돋으면서 다녔대요. '우리가

제임스 스톡데일(James Stockdale, 1923~2005)

조금만 참고 이번 크리스마스 정도가 되면 우리는 다 나갈 수 있을 거다.' 그런데 크리스마스가 지났는데도 전쟁이 안 끝났어요. 그들은 조금은 실망했지만 다시 '부활절이 되면 우리는 나갈 수 있을 거다'고 이야기를 하면서 돌아다녔대요. 그런 식으로 크리스마스, 부활절, 크리스마스, 부활절이 몇 번 반복이 되다 보니, 남은 속일 수 있어도 자신은 못 속이는 법이니까, 말하던 사람 스스로가 실망을 하게 되었대요. 실망을 하다 보면 실수도 자주 하게 되는데 전쟁에서는 조그만 실수면 바로 죽음으로 연결되기 쉽지요. 시간이 지나 막상 전쟁 끝나고 보니, 낙관주의적인 사람들은 거의 한 사람도 살아남지 못했대요. 반면에 현실주의자들은 어떤 사람들이었냐면, '전쟁이 빨리 끝났으면 좋겠다'는 소망을 가졌다는 점은 낙관주의자들과 똑같죠. 그런데 소망과 현실은 별개잖아요. 실제로 그들은 냉정하고 객관적으로 현실을 바라보고 이 전쟁은 오래 걸

❝

보통 사람은 좋은 시기에 조금이라도 더 잘되려고
노력을 많이 해요. 그런데 정작 나쁜 시기를 잘못
보내면 다시는 회복을 못하고 추락하는 경우가
있어요. 아주 길게 놓고 보면 인생의 결과를
좌우하는 것은, 좋은 시기가 아니라, 어려운 시기를
어떻게 보내느냐에 달려 있어요.

❞

릴 것이라는 것을 알았대요. 그렇다고 실망하지도 않았다고 해요. 어두운 현실과는 별개로, 그들은 자신이 '언젠가는 고향에 돌아가서 부모님과 친구들을 만날 운명을 타고난 사람'이라는 운명과 미래에 대한 믿음을 가지고 있었다고 해요. 그러다 보니 이런 사람들만 살아남았다는 거예요. '현실은 냉정하게 보지만 자기 운명과 미래에 대한 믿음을 가지는 것'은 어떻게 보면 모순되어 보일 수 있지요. 그래서 패러독스라고 해요. '스톡데일 패러독스'라는 말이 사용되기 시작한 것은 짐 콜린스Jim Collins의 책, 『굿 투 그레이트Good to Great』2001가 나오면서부터예요.

저도 책을 보기 전에 비슷한 생각을 했어요. 제 나름대로는 어려운 시기를 극복하기 위해서는 두 가지 마음가짐, 즉 뜨거운 가슴과 차가운 머리가 필요하다고 생각을 정리했어요. '차가운 머리'라고 하면 현실에 대해서 정말 냉정하고 객관적으로 바라보는 시각이고, '뜨거운 가슴'이라면 자신과 미래에 대해서 열정과 믿음을 가지는 마음가짐인 것 같아요. 차가운 머리가 아니라 뜨거운 머리를 가지고 있다고 생각해보세요. 뜨거운 머리란 현실에 근거하지 않은 막연한 낙관인데, 그것만큼 사람을 충동하고 힘을 주는 것은 없지요. 2002년 월드컵에서 4강에 올라갔을 때 주위사람 중에 어떤 사람이 '우와~ 이러다가 우리나라 우승하는 거 아냐?' 하면, 확률은 떨어지는데 갑자기 그럴 수 있을지도 모른다는 생각에 가슴이 설레고 뜨거워지잖아요. 마찬가지로 현실에 근거하지 않은 막연한 낙관은 순간적으로 엄청난 힘을 주위 사람들에게 줄 수 있어요. 그런데 문제는, 살다보면 좋은 시기는 항상 짧고 어려운 시기는 항상 길다는 거예요. 주식투자를 해보신 분들은 아시겠지만 상승장은 항상 짧고 하락장은 상승장보다 두세 배 길어요. 지금도 하락장이잖아요. (청중 웃음) 이렇듯 항상 어려운 시기는 긴 법인데, 뜨거운 머리는 순간적으로는 힘을 주긴 하지만 기나긴 어려운 시기를 버텨나가게 하지는 못해요. 포로수용소의 낙관주의자들처럼 결국은 냉정한 현실을 어느 순간 깨닫게 되면 오히려 힘이 다 빠져서 버티지를 못해요. 차라리 차가운 머리로 객관적으로 보면 아무리 길어도 실망할 일은 없거든요. 그래서 정말로 차가운 머리가 필요하다는 생각을 했어요. 그런데 차가운 머리에 가슴까지 차가우면 비관론자가 되는데, 그것도 역시 버텨나가기 힘들지요. 그래서 뜨거운 가슴이 필요한 건데, 이게 막연한 낙관론하고 다른 것은 모든 사람에게는 기회가 온다는 데 있어요. 항상 보면 좋은 시기가 있으면 어려운 시기가 오고 어려운 시기가 계속되는 것이 아니라 좋은 시기가 또 와요. 그러니까 어떻게 보면 다가올 당연한 미래, 거의 백 퍼센트 확률로 오는 기회에 대한 믿음이지요. 이런 세 가지가 있으면 어려움을 극복할 수 있을 거라고 생각했고, 회사도 곧 잘되기 시작했어요.

또다른 도전

2004년, 존경받는 기업

10여 년 회사 CEO를 하면서 가장 보람 있던 시절이 2004년에 왔어요. 2004년에 〈한국경제신문〉에서 가장 존경받는 기업을 대대적으로 조사했는데, 그 결과를 바탕으로 〈한경비즈니스〉 표지에 한국의 존경받는 기업 열 개가 나왔어요. 삼성전자, 포스코, 현대자동차, 유한, SK텔레콤, LG전자, KB국민은행, KT, 그리고 안연구소. (청중 웃음) 한국능률협회컨설팅에서도 2004년부터 매년 존경받는 기업을 선정하는데 지금도 순위는 거의 비슷해요. 올해는 7등으로, 순위가 더 올라서 SK텔레콤 위로 올라갔어요. 외국 사람들은 이해를 잘 못해요. 안연구소를 제외한 나머지 기업은 평균매출이 40조 원이고 평균 역사가 40년 정도 돼요. 반면에 저 당시 안연구소는 창립 9년째로 역사가 10년이 채 안 됐고 매출이 400억 원이 안 되었어

〈한경 비즈니스〉 2004. 9. 27. 460호, 표지 사진

요. 그러니까 외국 사람들이 볼 때 이해가 안 간다고 했지요.

제 개인적으로는 굉장히 보람 있는 일이었어요. 한국 사회가 발전하면서 결과지향적으로만 열심히 달려왔는데, 어쩌면 우리 사회가 이제는 결과만 따지기보다 과정에 대해서도 중요하게 생각하기 시작한 거 같아요. 결과보다 과정에 대해서도 가치를 부여하는 국민 의식이 생기면서 이런 결과가 나오지 않았을까 싶어요. 어떻게 보면, 경영에 대해서 전혀 모르는 의사로서, 제가 경영을 처음 시작하면서 정리했던 세 가지, 즉 '사람이 모여서 일을 하는 이유', '자본주의 사회에서 기업이라는 것이 가지는 진정한 의미', 그리고 '기업에서 수익이라는 것은 목적일 수 없고 결과다'라는 생각들이 경영 판단을 할 때 완전히 다른 판단을 하게 했고, 그것을 여러분들이 보면서 과정에 대해서 인정을 해주신 것 같아요. 처음에 제가 7년 동안 무료로 보급했던 것을 어떤 교수님이 숫자로 계산해보니까 우리나라 국익에 매년 수천억 도움이 되었다고 해요. 결국 수천억 안 벌고 제공한 거잖아요. 그런 것들 때문에 결과는 훨씬 더 미미하지만 과정에 가치를 부여해서 평가해주시는 것이라고 생각해요.

또 다른 도전

그때가 CEO 하면서 가장 보람 있었던 순간이었고, 사실은 2004년이 제가 다른 일을 생각하기 시작했던 해이기도 해요. 2004년 말에 결산을 해보니 안연구소는 우리나라 역사상 소프트웨어 회사로는 가장 좋은 성적을 냈어요. 저 당시 수익이나 매출을 포함한 거의 모든 분야에서 기록을 깼어요. CEO로서도 굉장히 인정받는 해였고 여러 가지로 보람 있었던 해인데, 문득 이런 생각이 들더라고요. 만약에 제가 가진 경험과 지식을 가지고 업계 전반적으로 성공 확률을 조금이라도 높이는 일을 한다면 어떨까 하는 생각이 들었어요. 결국 10년 전의 딜레마로 다시 돌아갔어요. 10년 전에 의대 교수로서의 일보다 안연구소를 만드는 일이 더 의미가 크고 재밌고 잘할 수 있는 일이라고 생각해서 선택했었죠. 10년 후 안연구소 CEO 일은 공익적인 일을 같이 하는 것이라 의미도 있고 재밌고 잘하는 일이었어요. 한 10년 정도 하니까 겨우 공포감도 어느 정도 극복하고 어느 정도 잘할 수 있겠다는 자신도 생겼었죠. 반면에 업계 전반적으로 성공 확률을 높이는 일을 한다고 생각하면 의미는 더 클 것이고, 새롭게 재미와 열정을 가지고 할 수 있는 일일 것 같았어요. 솔직히 더 잘할 수 있을 것 같지는 않았어요. 제가 처음 사회생활을 의대 교수로 시작했기 때문에 '교수'로서의 제 능력에 대한 환상은 없었어요. 그러나 종합적으로는 새로운 도전에 나설 때라고 판단했어요. 그래서 제가 스스로 사임하고 전문 경영인에게 경영을 물려주고 나오게 된 거죠.

당시 꽤 긴 퇴임사를 썼어요. 신문에도 났었고, 안연구

● **사회적 기업** Social Enterprise

사회적 기업이란 취약 계층에게 일자리나 사회 서비스를 제공하기 위해, 수익을 창출하는 기업을 말한다. 일자리와 사회 서비스 제공으로 취약 계층을 지원하되 '지속적인 성과 중심의 기업경영'을 하는 것이 정부의 자활사업과 다른 점이다. 1970년대부터 유럽연합과 미국에서는 사회적 가치 추구와 성과중심 경영을 접목한 사회적 기업이 운영되고 있다. 유럽연합은 640만여 명이 사회적 기업을 통해 고용되고 있으며, 영국에선 5만 5천여 사회적 기업이 활동하고 있다. 사회적 기업이 성공한 대표적인 예로서 노벨평화상 수상자인 무하마드 유누스 총재의 요구르트 회사인 '그라민-다농 컴퍼니'와 세계적으로 유명한 영국 요리사 제이미 올리버가 만든 '피프틴 레스토랑', 그리고 잡지 출판과 판매를 통해 노숙자의 재활을 지원하는 한국의 '빅이슈', 가전제품을 재활하는 프랑스의 '앙비' 등이 있다. 한국에서는 양극화 현상과 일부 반기업 정서가 사회문제로 대두됨에 따라 이의 해결책으로 '사회적 기업'을 활성화해야 한다는 주장이 나오기 시작했다. 2007년 7월에 사회적 기업 육성법이 시행되었다. 〈출처: 「상생의 길, 1사-1사회적기업으로」 〈한겨레〉 2008년 8월 14일자〉 한편으로 '사회적 기업'을 세금 감면을 위한 편법으로 기업이 악용할 우려도 제기되고 있다.

대기업 너도나도 "사회적기업 설립·지원" 〈한겨레〉 2009년 8월 25일자

소 홈페이지에 가면 지금도 보실 수 있어요. 내용을 간단하게 말씀드리면, 안연구소가 살아남았던 것은 결국 주위 사람들이 도와주었기 때문에 가능한 일이었다는 것, 그리고 처음에 창업할 때 정리했던 생각들을 적었어요. 기업이나 조직을 이루는 것은 혼자서 할 수 없는 의미 있는 일을 여러 사람이 모여서 함께 이루어가는 것, 그리고 기업의 수익 창출은 목적이라기보다 오히려 결과라는 것, 그리고 이것은 본질과 과정에 충실하다 보면 결과는 따라오는 것이라는 믿음과 일맥상통한다고 이야기를 했습니다. 그리고 안연구소를 경영하면서 세 가지를 이루려고 노력했다고 했어요. 첫째, 한국에서도 소프트웨어 사업으로 자리잡을 수 있다는 것을 보여드리고 싶었고, 둘째, 한국적인 상황에서도 정직하게 사업을 하더라도 실패하지 않을 수 있다는 것을 증명해보고 싶었고, 셋째, 공익과 이윤 추구가 상반되는 것이 아니라 양립될 수 있다는 것을 보여주고 싶었어요. 지금 생각해보니 제가 생각한 것이 '사회적 기업Social Enterprise'인 것 같아요. 사회적 기업이란 공익적인 부분과 이윤을 동시에 추구하는 기업인데요. 그 당시만 하더라도 그런 개념이나 말은 생소했는데, 결국은 그것을 하려고 했던 것입니다.

제 책 가운데 『영혼이 있는 승부』, 『지금 우리에게 필요한 것은』은 제가 안연구소 일을 그만둘 결심을 하고 나서 쓴 책들이라, 이 책의 앞부분에 보면 그만둔다는 것이 암시되어 있어요. 그리고 퇴임 후에는 '노안 때문에 돋보기가 필요하기 전에 대학원에 들어가서 학생으로 공부하겠다'고 했는데, 처음에 주위 분들이 안 믿더라고요. '무슨 학생이야? 연구원이나 방문교수겠지' 하셨어요. 제가 글 쓸 때 원칙이 하나 있어요. 제가 공개적으로 글을 쓴 지가 20년이 넘는데, 쓰다 보니까 글이라는 것이 참 무섭더라고요. 사람은 죽어도 글은 남더라고요. 그래서 글이라는 것이 당시 자기가 이해타산이라는 목적을 달성하기 위해 변명을 써놓으면 나중에 죽어도 부끄럽게 돼요. 그래서 심각하게 말씀드리면, '글은 역사의식을 가지고 써야 한다'는 생각을 했어요. 그래서 저는 글을 쓸 때 있는 그대로 써요. 지금 『영혼이 있는 승부』가 출간된 지가 9년이 넘는데 80쇄 정도 찍었고, 『지금 우리에게 필요한 것은』이 출간된 지 6년 정도 되었는데 여전히 많이 팔리고 있는 이유도 그래서일 거라고 생각해요. 거기에 쓴 것들은 지금도 변하지 않았어요. 그래서 어떤 분은 저보고 '참 발전성 없다'고 하세요. (청중 웃음)

아무튼 제가 퇴임사에 밝힌 대로, 당시 제가 마흔넷이 됐는데 토플시험과 GMAT 시험을 새로 봐서 석사과정 학생으로 다시 대학원에 들어갔어요. 그래서 제가 MBA 학위 받고 한국에 돌아온 지가 얼마 안 돼요. 그리고 5년 전에 퇴임사에도 저를 받아주는 곳이 있으면 대학에서 학생 가르치는 일을 할 거라고 썼죠. 공부를 하고 나서 돌아와서 지금은 정년

보장을 받는 풀타임 정교수(강연 당시. 2011년 11월 현재는 서울대학교 융합과학기술대학원장으로 재직 중이다)로 일하고 있어요. 원래 생각했던 대로 젊은 학생들에게 '도전 정신'에 대해서 이야기를 해주고 있고, 더불어 '한번쯤은 뒤돌아서 나에게 기회를 준 사회를 생각해보라'는 이야기를 해주고 있어요. 현재 제가 맡고 있는 나머지 일을 세어 보니까 20여 개가 되더라고요. '아름다운 재단' 이사직이나 사회적 기업가 Social Entrepreneur를 교육시키는 프로그램을 통해서, 보다 많은 사람이 성공할 수 있는 확률을 조금이나마 높일 수 있도록 열심히 노력하는 중입니다. 이 정도로 마치겠습니다.

(청중 박수)

제2부 : 패널 질문과 토론

● 정근식(사회자) : 의학 공부를 하려면 처음에 해부학을 하는데, 지금부터 안철수 선생님을 해부하는 시간을 갖도록 하겠습니다. 패널 선생님들 앞으로 나오시죠. 오늘 패널로 서울대의 귀중한 선생님들을 모셨습니다. 저희는 〈관악초청강연〉의 발표자를 모실 때 열 번 정도 회의를 하고 패널을 모실 때 다섯 번 정도 회의를 합니다. 어떤 분들이 가장 좋을지 고민해서 모신 분들입니다. 먼저 의과대학 대표로 의과대학 의사학醫史學교실의 김옥주 선생님을 모셨습니다. 두 번째로는 인문대 언어학과의 신효필 선생님이십니다. 신효필 선생님은 전공이 언어학인데 특히 융합·복합 같은 새로운 분야를 전공하신 분입니다. 융합적이고 복합적인 안철수 선생님의 인생을 잘 진단해달라고 모셨습니다. (청중 웃음) 그 다음이 심규석 선생님으로 공과대학 컴퓨터공학부 교수이십니다. 안철수 선생님께서 강연 중에 초창기의 〈마이크로소프트웨어〉 잡지에 기고하곤 했다는 말씀을 했는데, 그 시기에 심규석 선생님도 그 잡지의 글을 보고 여러 가지 생각을 많이 했다고 합니다. 그럼 세 분 패널을 모시고 질문과 논평을 듣겠습니다. 소개해 드린 순서대로 김옥주 선생님께서 먼저 문을 열어주시지요.

● 김옥주(서울대학교 의과대학 의사학교실 교수) : 안녕하세요? 제가 준

66

직업 안정성을 추구해서 의대, 치대, 한의대,
이공계에 학생이 몰리는 경향이 있습니다.
의과대학 선배로서 이런 방식으로, 어떻게 보면
'영혼 없이' 의·치대로 몰리고 있는
전 국가적인 현상에 대해 어떻게 생각하시나요?

김옥주 교수

99

비한 질문이 몇 개 있었는데 강연 중에 이상적인 답을 많이 들었습니다. 원래 선생님께서 어려움에 처했을 때의 이야기를 물어보고 싶었는데 다 해주셔서 다른 질문을 드리겠습니다. 선생님이 의과대학에서 계속 생리학을 공부하셨으면 우리나라에서도 노벨상 수상자가 나왔을 수 있는데, 그런 점에서 석박사 과정을 마치고 교수로까지 계시다가 의과대학을 떠난 것이 어떻게 보면 국가적인 손실일 수도 있다는 생각이 듭니다. 어떻게 생각하시는지요?

●사회자 : (안철수 교수를 바라보며) 솔직하게 말씀하시죠. 솔직하게……. (청중 웃음)

●안철수 : 개인적으로 지도교수님들께 대단히 죄송하지요. 고생스럽게 지도해주셨는데 포기해서 죄송한 마음입니다. 그런데 아까 처음에 말씀드린 것처럼, 주위 사람들을 행복하게 해주는 방법에는 단기적인 것이 있고 장기적인 방법이 있는 것 같아요. 우선은 주위 사람들이 다 원하는 길을 가게 되면 당장은 좋지만 만약에 그게 본인이 행복하지 않는 경우라면 오래갈 수가 없는 것 같아

요. 정말로 주위 사람들을 행복하게 해주려면, 우선은 이기적일 수도 있지만 자기 스스로 만족스럽고 행복한 삶을 살아야 자연적으로 주위 사람들도 결국에는 이해하고 행복해지는 것 같습니다. 그런 마음으로 의사를 그만두었습니다. 둘 다를 할 수는 없는 상황이어서, 어떻게든 같이 끌고 가려고 했지만 결국 한쪽을 선택할 수밖에 없는 상황이었지요. 정말로 어떤 일이 의미 있고 재밌고 잘할 수 있는 일인지, 그래서 결국은 제가 행복하게 되고 주위 삶들도 궁극적으로 행복해질 수 있는지 생각해서 결정한 일이었어요.

●김옥주: IMF를 거치고 나면서, 요즘에는 의대, 치대, 한의대, 이공계에 학생이 너무 많이 몰리는 현상이 있고, 그 이유도 안정적인 미래를 위한 '직업 안정성Job Security'를 추구해서인 것 같습니다. 저희 때도 이런 과들로 학생이 몰리는 경향이 있었지만 이렇게까지 심하지는 않았던 것 같습니다. 의과대학 선배로서 이런 방식으로, 어떻게 보면 '영혼 없이' 의·치대로 몰리고 있는 전 국가적인 현상에 대해 어떻게 생각하시나요? 예비 대학생들과 학부모들과 사회에 대해 하시고 싶으신 말씀은 없으신지요?

●안철수: 몇 년 전에 우리나라 직업군을 몇백 개 군으로 나누

어서 직업만족도 조사를 한 적이 있어요. 우리나라에서 직업만족도가 가장 높은 직업이 뭐일 것 같나요? 작가예요. 사진작가가 1위이고, 작가가 2위였어요. 그 다음으로 인문학 연구원과 성직자 순이었어요. 반면에 우리나라에서 직업만족도가 최하위인 직업군은 모델이더라고요. 예쁘게 태어나면 행복할 것 같은데 그게 직업이 되면 힘든가 봅니다. 모순되게도, 직업만족도 최상위와 최하위가 같이 일을 하고 있는 거지요. (웃음) 꼴찌에서 두 번째는 의사예요. 그리고 끝에서 세 번째, 네 번째, 다섯 번째는 크레인 운전사, 화물트럭 운전사, 건설기계 운전사예요. 그러니까 이분들은 너무 사는 게 힘들어서 고속도로를 막고 농성할 정도의 직업군인데, 그분들보다도 의사의 직업만족도가 더 떨어져요. 또, 〈굿모닝 닥터스〉라는 잡지에서 조사한 것이 있어요. '자기 직업에 만족하십니까?'를 묻는 거였어요. 이 조사에 따르면, 네 명의 의사 가운데 세 명이 자기 직업을 싫어해요. 그럼 이상하잖아요. 많은 학생들이 의대에 가려고 하는데, 왜 정작 의사들은 이렇게 불행해할까? 제 은사님 가운데 한 분이 의대 수업시간에 이런 말씀을 하셨어요. '의대에는 똑똑한 사람이 필요 없고, 성실하고 마음이 따뜻한 사람이 와야 한다.' 들은 지 30년도 지난 말인데 그 말씀이 아직도 기억에 남아요. 고등학교 때 공부는 잘하지만 내성적이고 친구도 별로

없이 열심히 공부만 하는 학생이 있어요. 성적이 좋아서 의대에 가서 의사가 돼요. 그럼 이 사람이 정작 하는 일은 사람들을 만나는 거예요. 의사들이 하는 일은 본질적으로는 매일 처음 보는 사람 백 명 정도와 이야기를 해야 하는 직업이 의사예요. 그런데 친구도 싫어하고 방에서 공부하기 좋아하는 애가 의사가 되면, 그 일을 무조건 해야 하는 거예요. 그게 평생 해야 하는 일이다 보니까 그러면 점점 더 힘들어지죠. 그래서 결국에는 불행해져요. 그리고 환자 분들도 알잖아요. 의사가 자기 싫어하는 거. (청중 웃음) 그래서 결국 그 병원은 잘되지가 않아요. 보통 병원 세울 때 은행 융자를 받아서 인테리어하고 다른 비용 내고 그러는데 병원 경영이 잘 안되면 파산하게 되죠. 요즘 의사 분 중에 신용불량자가 많이 나오는 것이 이 이유 때문이에요. 공부는 잘했지만 가장 중요한 자질, 즉 매일 백 명 이상의 환자를 보면서도, 한사람 한사람의 환자가 건강을 회복하는 것을 보면서 자기 일처럼 보람을 느끼는, 그런 마음이 따뜻하고 성실한 사람이 의사가 되어야 하는데, 똑똑하기만 하고 그런 면이 부족한 사람이 의사가 되다 보니 이런 괴리가 있는 거죠. 그런 것들을 생각해보면, 역시 직업을 택할 때 전망을 택하거나 안정을 택하는 것보다는 자기 내면을 들여다보고 자기가 어떤 사람인지를 아는 것이 먼저인 것 같아요.

●정근식(사회자) : 김옥주 선생님과 안철수 선생님의 마음에, 사회를 보는 제 마음까지 합해서 여러분에게 가급적이면 창조적인 직업을 선택하라고 당부하고 싶습니다. 다음으로 신효필 선생님 말씀해주시지요.

●신효필(서울대학교 인문대학 언어학과 교수) : 두 가지 정도 질문 드리고 싶습니다. 일단 좀 가벼운 질문을 드리겠습니다. 안철수 선생님에 대해서는 많은 학생들이 기사를 통해서 많이 접했고, 오늘 말씀을 들으면서 역시 훌륭한 분이라는 것을 느꼈을 것 같습니다. 의대 교수에서 시작해서, 바이러스 관련 지식을 독학으로 익히시고 이어서 경영학을 공부하셨습니다. 또 회사의 CEO까지도 역임하셨습니다. 강연에서 언급하신 대로 회사를 물러나실 때, 이임사에서는 앞으로 다시 새로운 분야에 도전할 수도 있다고 언급하셨는데, 앞으로 저희가 안 교수님의 또다른 모습을 볼 수 있을까요? 일례로 텔레비전 프로그램 〈무릎팍도사〉에 나오신 후에 사람들의 열렬한 반응이 있었는데, 그 가운데 '안철수는 이 나라의 대통령'이라는 말도 나왔습니다. 혹시 그쪽(정치)으로도 생각이 있으신지 궁금합니다.

●안철수 : 제가 장기계획을 안 세우는 사람인데요. 저희 아버

66

우리가 '융합', '복합'이라는 말을 사용하는 방식을
보면, 특정한 분야의 전문적인 지식에 대한
요구보다, 여러 관련 분야들을 결합하여 제공해주면
학생이 이런 지식을 가지게 되어 잘되지 않을까라는
생각이 강한 듯합니다. 제 생각에는 오히려
한 분야의 전문가가 된 후에 기존의 틀에서
벗어나려는 노력이 필요할 것 같습니다.

신효필 교수

99

님도 의사십니다. 서울대 11회 졸업생이시니까 저보다 29년 선배세요. 어릴 때부터 아버님 보면서 자랐기 때문에, 저는 의대 들어갈 때 확신했어요. '나중에 나이가 들면 나도 아버님처럼 백발에 가운 입고 환자 열심히 보는 의사가 되어 있을 것이다.' 아버님이 지금 팔순이신데 지금도 환자 열심히 진료하시거든요. 그게 제 미래 상이었죠. 백 퍼센트 확신했어요. 그런데 열심히 살다 보니 아까 설명한 대로 오히려 의사를 그만두어야 하더라고요. 참 황당하더라고요. 그러면서 깨달았어요. '나라는 사람은 미래 계획이 안 맞는 사람이구나.' 매순간 열심히 살다 보면 선택의 순간들이 저한테 다가오더라고요. 제가 만든 회사에서, 그것도 잘되는 회사에서 제 스스로 물러나리라고는 꿈에도 생각 못했는데, 열심히 살다 보니 물러나야 되더라고요. 그래서 또 깨달았지요. '내가 이런 사람이구나. 앞으로는 미래 계획을 안 세우고 살아야지. 단지 열심히 살아야지' 다짐했어요. 교수직 제안을 받고 가서 임명장을 받아서 보니까, '교수 안철수, 임명기간 2008년부터 2027년'이라고 되어 있었어요. 그거 보면서 '내가 2027년까지 여기에 있을 수 있을까' 하는 생각을 했어요. 계획을 안 세우니까 아마 2027년에 지금 제가 하고 있는 이 일이 좋으면 정년까지 있을 수 있을 것이고, 아니면 또 다른 일을 하고 있을 수도 있겠지요. 한 가지 분명한 것은

제가 어떤 일을 하고 있든지 그 순간에 제가 가장 의미를 느낄 수 있고 재밌게 일할 수 있고 가장 잘할 수 있는 일을 하고 있을 것이라는 것입니다.

●신효필 : 안철수 교수님은 학생들에게 좋은 역할 모델이시지만, 어떤 면에서 보면 반대로 너무 많은 경험을 요구하는 느낌을 주지 않을까 합니다. 저도 언어학을 하다가 서른 넘어서 다시 컴퓨터 사이언스를 전공하면서 굉장히 어려웠고 힘든 과정을 경험했는데, 안철수 교수님의 배경을 보면, 굉장히 다른 분야에서 여러 힘든 공부를 하셨습니다. 이런 것이 학생들에게 '아, 저렇게 많은 분야를 공부해야지 훌륭한 사람이 될 수 있지 않은가' 하는 생각을 하게 할 수도 있을 것 같습니다. 요즘 학생들은 특히 '스펙을 쌓는다'고 자기가 부족한 점을 채우기 위한 노력을 많이 하고 있는데, 따라서 무언가를 이루려면 이런 분야도 해야 하고 저런 분야도 해야 하고, 할 것이 너무 많은 것이 아닌가 하는 생각을 갖게 만들지는 않을까요? 제 생각에는, 우리가 놓쳐서는 안 되는 것이, 어느 분야이든지 자신이 좋아하는 한 분야의 전문가가 되고 나면, 그 다음에 필요한 분야에 대한 욕구가 생기는 것 같습니다. 우리가 '융합', '복합'이라는 말을 사용하는 방식을 보면, 특정한 분야에 대한 전문적인

지식에 대한 요구보다, 여러 관련 분야들을 결합하여 제공해 주면 학생이 이런 지식을 가지게 되어 잘되지 않을까라는 생각이 강한 듯합니다. 제 생각에는 오히려 한 분야의 전문가가 된 후에 기존의 틀에서 벗어나려는 노력이 필요할 것 같습니다. 그래서 잡다하게 여러 분야를 단순히 많이 섭렵하는 것보다는 어느 한 분야의 전문가가 되어 열심히 일하다 보면 다른 분야에 대한 필요 욕구가 생길 거라고 생각하는데, 어떻게 보시는지요?

●안철수 : 대표적인 '융합학' 분야의 모델이라고 할 수 있는 사람이 토머스 프리드먼이라고 생각합니다. 이 사람은 원래 〈뉴욕타임즈〉 종군기자로 시작해서 중동지방에서 나름대로 그쪽에서 현대 정세뿐만 아니라 과거 역사까지도 전문성을 많이 쌓았대요. 그 다음에 이 사람이 일한 곳이 월스트리트였어요. 전혀 다른 분야인데, 나름대로 금융 쪽에 대해서 열심히 전문성을 쌓다 보니 전혀 상관없이 두 분야의 연결고리를 볼 수 있었대요. 이전에도 글로벌라이제이션에 대해서 이야기한 사람은 많았지만 토머스 프리드먼만큼 명쾌하게 개념 정의를 한 사람은 없어요. 이 사람이 『렉서스와 올리브나무The Lexus and the Olive Tree』라는 책을 통해서, 그리고 그 다음에 『세계는 평평하다The World is Flat』

● **토머스 프리드먼**Thomas Lauren Friedman, 1953~

전 세계적으로 유명한 미국 저널리스트이자, 컬럼리스트이자, 작가다. 〈뉴욕타임즈〉에 중동 문제, 환경문제, 세계무역과 같은 국제관계에 대한 기사를 써왔다. 기자로서 퓰리처 상을 세 번이나 수상했고, 다섯 권의 베스트셀러 작가이기도 하다. 대표작으로는 『베이루트에서 예루살렘까지From Beirut to Jerusalem』1990, 『렉서스와 올리브나무The Lexus and the Olive Tree』2000, 『경도와 태도Longitudes and Attitudes』2001, 『세계는 평평하다The World Is Flat』2005, 『코드 그린: 뜨겁고 평평하고 붐비는 세계Hot, Flat, and Crowded』2008 등이 있다. (사진 및 자료 출처: 토머스 프리드먼 공식 사이트 www.thomaslfriedman.com)

라는 책을 통해 세계화에 대한 개념 정립을 해나가요. 그런 예를 보면 한 분야에 대한 전문적인 뿌리가 있는 상태에서 다른 분야와의 융합이 가능하지, 한 분야를 얄팍하게 알면 절대로 생기지 않거든요.

저도 도중에 그만둔 경우가 없어요. 의학도 교수까지 했고, 컴퓨터 프로그램도 세계 최초로 백신 프로그램 만든 사람 가운데 한 명이었고, CEO로서도 창업해서 발전시키고 상장시키고 다시 어려워졌을 때 턴어라운드 매니지먼트까지 한 사이클을 다 경험했어요. 그러니까 도중에 그만둔 것은 하나도 없어요. 그러다 보니 그게 다른 분야와 접목이 되었을 때 힘이 되었어요. 저는 대학교 갓 졸업한 분들을 대상으로 융합 쪽의 석사과정을 만드는 것은 별로 좋게 생각하지 않습니다. 왜냐면 학부만 나오면 전문성이 있다고 볼 수는 없거든요. 그런 상태에서 융합학문부터 시작하면 양쪽 분야에 대한 지식이 약한 상태라서 연결하는 수준이라는 것이 아무리 천재라고 하더라도 깊이가 있을 수 없어요. 남들이 모두 아는 정도의 수준밖에는 안 돼요. 그래서 저도 신효필 선생님 말씀대로 한 분야에 일단 전문성을 쌓은 다음에 다른 분야에 대한 응용이라든지 융합을 생각해야지, 너무 일찍 융합 쪽으로 접근하는 것은 위험한 일이라고 생각합니다.

● 김옥주 : 저도 의과대학을 졸업한 다음에, 제 원래 취향이 문과 쪽이어서 과학사를 전공하고, 미국에 가서 의학사를 전공했어요. 제가 가장 하고 싶은 것이 의학이 아니라 인문학이라고 생각해서 의학사를 전공하게 됐지요. 그런데 정말 고통스러웠어요. 저는 제 스스로 소양이 있다고 생각했는데, 의학을 공부하고 나서 처음으로 과학사협동과정의 과학사 수업을 들어갔더니 4백 페이지 분량의 읽을거리를 주셨어요. 그래서 다섯 가지 볼펜으로 줄을 그어가면서 외웠는데, 선생님께서 첫 시간에 물어보는 말

씀이 '이것을 읽고 자네는 어떻게 생각하나'였어요. 그런데 저는 책에 있는 내용을 물어보실 줄 알았지 그것에 대해서 어떻게 생각하는지를 생각해본 적이 한 번도 없었거든요. 그래서 '내가 생각하는 주체가 되어야 해?' 하는 생각을 하면서 굉장히 힘들었어요. 미국 가서도 과학사 수업을 들으며 과학사 전공학생을 보니까, 이공계 쪽에서 과학사 쪽으로 온 사람은 굉장히 힘들어하더라고요. 자기 변화를 겪는 진통의 과정이 있어서 거기서 성공하면 다행이지만 못하면 안 되는 거죠. 저는 선생님께서 변화 과정 동안 어떤 경험을 하셨는지 궁금합니다.

●안철수 : 제 아내가 최근에 글을 쓴 적이 있는데, 그것을 보면서 저도 굉장히 공감을 많이 했어요. 한 분야를 전공을 하고 난 다음에, 다른 분야와 융합을 하기 위해서 다른 학교를 들어가잖아요. 그 학교를 나오면 자신이 융합을 할 수 있는 사람이 될 거라고 쉽게 생각해서 의대를 나온 다음에 법대를 간다든지 하면서 나름대로 '스펙'을 쌓아가려고 하는데 직접 경험을 해봤던 사람들은 그게 얼마나 어려운 과정인지를 지금 김옥주 교수님께서 말씀하신 것처럼 잘 알거든요. 힘든 점이 세 가지인 것 같아요. 첫째는, 내가 의대를 졸업한 후 법대에 가서 이 두 분야를 융합

하는 쪽을 해야겠다고 생각해서 법대를 들어가요. 그런데 법대를 들어가면 거기 공부가 굉장히 어렵기 때문에 거기에 혼신의 힘을 다하다 보면 의대의 전문성을 잃어버려요. 그래서 보통 학교를 들어가서 과정을 끝내고 나면 예전 분야는 못하고 새로운 분야에 밀려갈 가능성이 굉장히 많아요. 그래서 전에 했던 분야까지 따라가려면 굉장한 노력이 필요해요. 두 번째로는 새로운 분야에서 시작하는 자체가 너무 힘든 거지요. 사람들이 일하려면 휴먼 네트워크가 필요하거든요. 나이가 들수록 아는 사람들이 많으면 굉장히 힘을 받게 돼요. 모르는 것을 물어볼 수도 있고 공동연구도 할 수 있고요. 그런 것들 하나 없는 상태에서 나이 들어서 밑바닥부터 공부를 시작하다 보면 거의 피가 마르는 거죠. 심리적으로 경제적으로 육체적으로 엄청나게 힘들어요. 그게 상상을 초월할 정도로 힘든 경우가 많고요. 세 번째로는 그렇게 고생해서 이제 직업을 구하려고 하면, 한국에서는 자리가 없어요. 왜냐면, 의대를 나온 다음에 법대를 나오고 나서, 의대에 가서 '나는 양쪽을 할 수 있으니까 뽑아달라'고 하면 의대에서 안 뽑아요. 왜냐면 의대에서 귀중하게 자리를 하나 만들었는데, 의대 일을 백 퍼센트 할 사람을 원하지 의대 일 절반 하고 법대 일 절반 할 사람을 안 뽑거든요. 법대에 지원해도 마찬가지죠. 고생은 두 배로 했는데 자리는 더 적어진 거죠. 그래서 각 분야 학장님들이 융합 인력을 뽑기는 힘들고, 총장님이나 그룹 회장이 믿음을 가

❝

한국 같은 어려운 상황에서 좋은 기업을
성공시키신 역량을 살려서 구글이나
마이크로소프트와 같이 큰 기업으로까지
키우지 않고 왜 중간에 멈추신 건가요?

심규석 교수

❞

지고 뽑을 경우에만 겨우 자리가 생기는 거지요. 그런데 한국에서는 그런 총장님이나 회장님이 극소수이기 때문에 융합전공을 한 사람들에게는 아직 기회가 없어요. 앞으로는 많아지겠죠. 그렇지만 현실이 그렇다는 것을 알고 뛰어드시는 게 좋을 것 같습니다.

●정근식(사회자) : 이어서 심규석 선생님께서 말씀해 주시죠.

●심규석(공과대학 컴퓨터공학부) : 안철수 박사님이 〈마이크로소프트웨어〉 잡지에 원고를 쓰시기 전인 85~86년도에 저도 대학교 다니면서 그 잡지에 여러 원고를 썼습니다. 당시 우리나라에서는 퍼스널 컴퓨터조차 자체적으로 만들 수 없는 시대였기 때문에 일본 NSE에 돈을 주고 컴퓨터 설계나 소프트웨어를 가져왔어요. 저희가 게임을 만든다든지 하려면 어느 부분에 어느 정보를 사용하는지 알아야 하는데, 그런 정보들은 일본에서 돈을 내고 사야만 했어요. 그래서 제가 대학교 다닐 때 소프트웨어를 열심히 분석한 기사들을 썼어요. 당시에는 저도 팬까지 있었어요. (웃음) 그러면서 이것을 학문적으로 공부해야겠다는 생각을 했어요. 저는 학부가 전기공학이어서 유학 가는 길을 택했어요. 미국에 가서 여러 가지를 배우면서 15년 정도 살면서, 휴

렛-팩커드 연구소, IBM 알마든 연구소, 벨 연구소, 마이크로소프트 연구소 등에서 일하면서 제 나름대로 많은 것들을 배우고 돌아왔습니다.

안 박사님께 여쭈어보고 싶은 것이 있습니다. 한 사람이 수만 명 먹여 살리는 리더를 만들려는 교육을 하는 것이 미국 교육입니다. 제가 가장 존경하는 사람이 빌 게이츠인데 그 이유는 제가 대학 다닐 때 퍼스널 컴퓨터를 처음 만들었고, 그분을 보면 처음에 운영체제를 만든 다음에 엑셀 등 포트폴리오를 계속 늘려가면서 기업을 크게 만드셨잖아요. 어떻게 보면 안 박사님은 중간에 멈추셨는데, 구글이나 마이크로소프트처럼 계속 가지 않고 중간에 멈추시려는 생각이신지 궁금합니다. 한국 같은 어려운 상황에서 좋은 기업을 성공시키신 역량을 잘 살리셔서, V3에서 멈추는 것이 아니라 더 많은 것을 만드셔서 더 큰 기업으로 만들 수도 있을 터인데, 그런 계획을 가지고 계신지 아니면 기업 경영은 아예 그만두시려는 것인지, 또 아니면 학생들을 키워내서 더 큰 기업을 하시려는 생각인지, 그리고 어느 쪽이든 어떠한 생각에서 그런 결정을 하셨는지 묻고 싶습니다.

●안철수 : 지금도 저한테 가장 편한 자리를 묻는다면, '안연구소 CEO' 자리입니다. 마지막 해에는 실적도 굉장히 좋았고, 모든 사람이 제가 뽑았던 사람들이고, 업계에 나가도 명함

이 필요 없을 정도로 모든 사람이 아는 사람이 되었고, 빨리 바뀐다고 하지만 1년에 두 번 정도 학회를 다녀오면 우리나라에서는 최고 수준을 유지할 수 있었어요. 다른 사장님들은 학회를 안 가시니까. (웃음) 지금도 사실은 '안연구소 CEO'가 가장 편하고 좋은 자리인데, 아까 말씀드린 것처럼 '선택'이었던 거죠. 제가 한 회사만 키우는 데 의미를 느낄 수 있을까? 오히려 작고 어려운 산업 현장에서 많은 기업들의 성공 확률을 조금이라도 더 높이기 위해서 노력하는 것이 더 나은 일이 아닐까? 왜냐면 회사란 산업구조에 종속되어 있기 때문에, 산업구조가 안 바뀌면 한 회사가 크는 데 한계가 있어요. 그래서 저도 계속 한 회사만 경영하다 보면 이 산업구조에 발목이 잡혀서 결국은 아무것도 이루지 못할 가망성이 높다고 생각했어요. 그래서 이런 산업구조를 바꾸고 개선하고 거기에 필요한 정책적인 부분에 대해서 직접적인 조언을 하는 것이 지금 제가 우선적으로 해야 하는 일이라고 생각했습니다. 미래에는 또 어떨지 모르겠습니다.

안연구소 내에서도 대부분의 경영은 CEO가 하지만, 사내 벤처 조직은 제가 직접 경영을 했어요. 사내 벤처였다 분사한 '노리타운 스튜디오'가 있어요. 요즘 스마트폰 애플리케이션(앱)이 많은데, 이것은 '소셜 네트워크Social Network'용

앱을 만드는 곳이에요. 현재 이 조직을 경영하고 있으니까 완전히 회사 경영에서 손을 뗀 상태는 아닙니다.

● 정근식(사회자) : 시대를 읽을 줄 알아야 할 뿐만 아니라 시대를 기다려야 한다는 말입니다. 심규석 교수님, 질문 하나 더 해주시죠.

● 심규석 : 한국 학생들을 가르치고 계시는데, 미국의 학생들과 한국 학생들의 태도나 자세는 어떻게 다른지, 미국의 교수와 한국의 교수는 어떻게 다른지 말씀해주시면 도움이 될 것 같습니다.

● 안철수 : 여러 미국 교수님들께서 공통적으로 말씀하시는 것 가운데 하나가 우선 한국 학생들은 일을 시키면 잘한대요. 미국에서 일류대학 나온 사람들 못지않게 척척 해온다는 거예요. 그런데 일을 시키는 것이 아니고, 즉 어떤 문제를 풀어서 답을 구하는 일이 아니고, 이 답을 구하는 과정에 대해서 나름대로 독자적으로 생각해본 것이 있냐고 물어보거나, 아예 근본적으로 이 문제를 왜 풀어야 되는지에 대해 물어보면 미국에서 대학 나온 학생들

은 자기 나름대로 이야기를 열심히 하는데 한국에서 온 학생들은 완전히 거기서 막힌다고 해요. 답만 외웠지 한 번도 생각을 해본 적이 없어서요. 그런데 창조력은 남이 정해놓은 과정을 거쳐서 답을 구하는 데에서 나오는 것이 아니라 좋은 질문을 하는 데서 나오는 거거든요. 또는 엉뚱한 질문을 통해 또는 다른 방법을 생각하는 데에서 창조라는 것이 나오는데, 거기서 한국 학생이 많이 떨어지는 것 같아요. 한마디로 '현대의 인재는 좋은 답을 구하는 사람이 아니라 좋은 질문을 하는 사람이다'라고 생각합니다. 그런 점에서 좋은 질문을 할 수 있는 능력을 어떻게 키울까가 제가 교수가 되고 나서 가장 큰 고민이었어요. 지금 제가 가르치는 분야가 '기업가 정신Entrepreneurship'인데, 고민하면서 나름대로 생각을 정리했어요. 마치 리더십이 암기하면 생기는 것이 아니듯이, 기업가 정신도 지식 전달은 아니거든요. 깨달음을 주어야 생각이 바뀌고, 생각이 바뀌어야 행동이 바뀌고. 그래서 깨달음을 어떻게 하면 많이 줄 수 있는가가 제가 가르칠 때 제일 주안점을 두는 부분입니다. 지식은 혼자 책 보고 알 수 있는 것이지만 깨달음은 참여하고 토론하는 과정을 통한 다른 사람의 도움이 필요하거든요.

제3부 : 청중과의 대화

●정근식(사회자) : 지금부터 여러분들이 직접 질문하고 토론하는 시간을 가지도록 하겠습니다. 좋은 질문을 통해서 여러분들이 좋은 학생이라는 것을 증명할 의무가 있어요. (청중 웃음) 질문하실 때는 자기 소속과 이름을 밝히고 가급적이면 짤막하게 말해주기 바랍니다. 길게 설명하지 마시고 정말 궁금한 것만 짤막하게 질문하시면 여러 학생들에게 질문할 기회가 돌아갈 수 있습니다.

"어떤 마음으로 살아야 하나?"

●청중 1 : 안녕하세요. 저는 이번에 사회대에 입학한 신입생 고은영이라고 합니다. 저희는 고등학교를 졸업하고 대학교라는 조금 더 큰 사회에 초년생으로 입문한 것과 마찬가지인데요. 이런 상황에서 학생이라는 배우는 입장에서 어떤 자세를 가지고 임해야 좋을지 궁금합니다.

●정근식(사회자) : 1980년 3월을 기억하시면서 답해주시기 바랍니다. (웃음)

●안철수 : 학생 때는 사실은 자기에 대해서 잘 모르잖아요. 자기에 대해서 알아가야 하는 시기인데, 도대체 자기가 어떤 사람인지, 어떤 일을 하면 정말 내가 의미를 느낄 수 있고 재밌

게 할 수 있고 잘할 수 있는지를 파악하는 게 중요한 것 같아요. 특히 의미를 느끼는 일, 재밌게 할 수 있는 일은 해보면 금방 알 수 있는데, 자기가 잘할 수 있는 일은 알 수 있는 기회가 별로 없잖아요. 잘하는 일과 하고 싶은 일은 다른데, 하고 싶은 일과 잘하는 일의 차이점은 잘하는 일은 직접 해보지 않으면 자기 스스로도 모른다는 점이에요. 예를 들어 저 같은 경우는 경영을 처음 하기 시작한 것이 의대 교수 그만두고 30대 넘어서였어요. 그전까지는 제가 경영을 못할 것이라고 다들 생각했어요. 저도 그렇고 주위의 모든 사람들이 제가 '다른 것은 몰라도 경영은 하면 안 된다'고 했어요. '금방 사기당할 타입'이라고. (웃음) 그런데 어쨌든 기회가 와서 열심히 하다 보니까 결국 남들만큼은 경영능력이 있다는 것을 스스로 발견을 한 것이죠. 저한테 기회가 주어지지 않았으면 저는 평생 경험해보지 못하고 죽었을 거예요. 그러니까 직접 해봐야 자기가 잘할 수 있는 일인지를 알 수 있는데, 세상의 그 수많은 일 가운데 자기가 경험해볼 수 있는 일은 제한되어 있잖아요. 흔히들 선입관에 사로잡혀서 이런 일이 나한테 맞을 것이다고 생각하거나 또 어떤 일은 해보지도 않았으면서 나한테 안 맞을 것이라고 미리 분류를 해놓곤 하는데, 그런 것들은 한번 직접 시도를 해보지 않으면 알 수 없는 일이에요. 자기가 못할 거라고 생각한 일이지만 해보니까 의외로 자기가 잘하는 분야라는 것을 알게 될 수도 있고, 반대로 자신이 잘할 수 있는 일이라고 생각했지만 실제로 해보니까 안 맞는 일일 수도 있어요. 그런 것을 알아가야 하는 시기가 학생 때라고 생각합니다.

● 정근식(사회자) : 여러분들은 고등학교 때 문과, 이과 선택할 때 고민을 많이 했지요? 그리고 대학 들어올 때 무슨 대학을 갈까 고민을 많이 했지요? 많은 경우에 소신껏 선택을 했다기보다는 점수에 맞추어서 왔기 때문에, 이전에는 대학 입학 전에 고민을 많이 했지만 요즘엔 입학하고 나서 고민을 하는 어려움이 서울대에 특히 많이 있습니다. 1학년 학생들에게 오늘 안철수 선생님의 강연이 좋은 조언이 될 수 있을 거라고 생각합니다.

"비인간적인 스케줄을 소화했다. 건강관리비법은?"
● 청중 2 : 안녕하세요. 저는 전기공학부에 재학중인 김세안이라고 합니다. 오늘 강연 대단히 인상 깊게 들었습니다. 제가 가장 인상적인 부분은 컴퓨터 백신을 개발하실 때나 유학 가셨을 때나 제가 보기에는 거의 비인간적 스케줄을 소화하시면서 생활하신 점입니다. 사실 저는 놀다가 3시에 잠드는 경우가 많은데, 3시에 일어나서 백신 개발을 하셨다고 하

니……. (웃음) 그런 생활을 오래 지속하시다 보면 분명히 몸에 무리가 많이 갈 것 같고 실제로도 많이 아프셨다고 하셨는데, 아프신 이후에도 그에 맞먹는 스케줄을 소화하셨을 거라고 짐작이 됩니다. 도대체 어떻게 건강관리를 하시는 것인지, 혹시 의학 전공자로서 특별한 비법이라도 가지고 계신지 궁금합니다. (청중 웃음)

●안철수 : 건강관리 이전에 제 자신을 잘 못 믿어요. 남들은 안 믿겠지만, 제가 그냥 놓아두면 얼마나 풀어질 수 있는 사람이라는 것을 저는 잘 알거든요. 그래서 제가 쓰는 방법 가운데 하나가 미리 대외적으로 약속을 하는 거예요. 제가 책임감은 굉장히 강한데, 그냥 풀어놓으면 한없이 게을러질 수 있는 성향을 가지고 있기 때문에, 그것을 이용해서 대외적인 약속을 해요. 의대 대학원 시절에 컴퓨터 백신 프로그램을 만들면서 7년 정도 세월을 보냈는데, 그 사이에 운영체제라든지 새로운 패러다임이 여러 번 바뀌기 때문에, 최신 정보들과 기술을 다 이해해야 백신 프로그램을 만들 수 있어요. 그런데 도저히 새로 공부할 시간이 안 나잖아요. 그래서 제가 썼던 수법이 미리 잡지사에 전화를 해서 '요즘 이슈가 되는 어떤 분야가 있는데 그 분야에 대해서 글을 쓰겠다'고 먼저 제안을 해요. 잡지사에서는 지금까지 그것에

대해서 글을 쓴 사람이 없기 때문에 좋다고 하지요. 그렇게 원고 마감을 받아둬요. 그런데 문제는 그것이 저도 모르는 분야라는 거예요. 하지만 제가 약속을 했으니까 어떻게 하든지 밤을 새서라도 그것을 공부해서 글을 쓸 수밖에 없거든요. 고생고생해서 글을 쓰고 나면 그 분야는 제가 최고의 전문가 수준이 되는 거예요. 그런 식으로 했었어요. 나이 마흔넷에 MBA에 들어간 이유도 제가 방문교수로 가서는 시간을 잘 보낼 자신이 없어서 학위 과정에 들어간 거죠. 제가 지금 학위가 다섯 개인데, 학위 자체가 중요한 것이 아니라 저한테는 그 학위 하나하나가 삶의 흔적이에요. 열심히 살았다는 흔적. 끝까지 인내했다는 흔적. 그 이상의 의미는 없어요. 열심히 살았던 과정의 흔적이 남아 있는 거죠. 제 스스로 자기관리를 잘했기 때문이라기보다, 외부의 힘을 이용해서 나름대로 제 단점을 바로잡을 수 있었다는 말씀을 드리고 싶어요.

건강관리는…… 글쎄요…… 아직 40대니까……. (청중 웃음) 포스코 이사회를 가면 저 빼놓고 대부분이 60대, 70대 분들이세요. 70대 분들이 60대 분들한테 그러세요. '내가 당신만큼 젊으면 무슨 일이라도 하겠다'고……. (청중 웃음) 항상 기회는 있더라고요. 그 모습을 보니까 나이와 상관없이, 10년 후에는 반드시 10년 전을 그리워하면서 후회할 것 같더라고요. 그러니까 지금 내가 늦었다고 생각하기보다, 늦었다고 생각할 때 하면 10년 뒤에는 후회하지 않을 수 있을

테니까, 도전하면서 사는 것이 좋은 것 같아요.

"노리타운 스튜디오의 미래는?"

●청중 3 : 안녕하세요. 인문대학의 강의찬이라고 합니다. 존경합니다. (청중 웃음) 포스코 이사회 의장직과 노리타운 스튜디오 이사회 의장을 맡고 계신다고 하셨는데, 프로젝트에 얼마나 중점을 두고 계시고 앞으로 그 프로젝트가 어떻게 될 것이라고 생각하고 계신지 알고 싶습니다.

●안철수 : 저로서는 제2의 창업 경험인데요. 제가 기업가 정신 수업을 할 때 항상 이야기하는 것들 중의 하나가 대기업과 벤처기업 간의 차이에 관한 것입니다. 대기업에서는 전략을 세우면 그 전략대로 실행에 옮기는 것이 실력이 있는 거예요. 반면에, 벤처기업은 원래 세워두었던 전략이나 사업계획이 그대로 실현될 확률이 1퍼센트예요. 99퍼센트는 처음 계획과 달라져요. 그러니까 벤처기업에서는 사업계획이 세워지더라도 주위의 바뀌는 상황을 적극적으로 받아들여서 적응하는 능력이 미덕이라고 학생들에게 가르치고 있어요.

노리타운도 처음에 하려고 했던 것은 소셜 네트워크 플랫폼이었어요. 한국에는 싸이월드가 있긴 하지만, 미국에서 마이스페이스가 있는데도 페이스북이 새로 만들어진 것처럼, 다른 기회가 계속 있어요. 사람들의 다양한 욕구를 하나의 플랫폼이 충족시킬 수가 없거든요. 한국은 싸이월드만 있기 때문에 기회가 있을 거라고 생각했는데 그게 역량 부족으로 잘 안 되더라고요. 그러면 킬러웨어Killer-ware•를 만들어야겠다고 생각했어요. 그래서 오픈 플랫폼을 만들어서 킬러웨어를 만들었는데 또 잘 안 되더라구요. 다시 큰 방향 수정을 세 번째로 해서, 차라리 플랫폼을 버리고 앱(애플리케이션) 전문 서드 파티third party로 가자고 해서 다시 계획을 세워서 시도했어요. 세 번째에 성공을 해서 페이스북에 올려서 한국에서 만든 것 중에 가장 많은 사람을 모았고, 싸이월드에서도 가장 인정받는 프로젝트들을 하고 있고, 일본에 믹시Mixi라는 소셜 네트워킹 플랫폼이 있는데 거기에 론칭을 했어요. 저로서는 두 번째 창업 경험이라고 말씀드린 것이, 안연구소는 처음 아이템을 바꾸지는 않았어요. 그러나 이번 경우에는 제가 학생들에게 가르친 것 그대로, 커다란 전략을 세 번 수정해서 겨우 자리잡게 되었어요. 참 재밌는 경험을 한 거죠. 앞으로도 소셜

• 킬러웨어
경쟁관계의 운영체제를 멸종시키는 강력한 프로그램을 킬러웨어라고 한다. 마이크로소프트 윈도우의 엑셀과 워드프로세서가 포함되어 있는 오피스 프로그램이 그 예다. 2D 그래픽에서는 포토샵이, 인터넷 보급에서는 월드와이드웹이 킬러웨어 역할을 하였다.

일본 소셜 네트워킹 사이트 믹시 메인 화면(http://mixi.jp/)

네트워크 앱뿐만 아니라, 스마트폰 앱에도 도전해보려고 합니다. 앞으로 아이폰 앱뿐만 아니라 안드로이드 앱도 나오기 시작할 텐데, 그런 것들이 소수의 인력으로 한번 열심히 해볼 수 있는, 그리고 실패하더라고 그렇게 큰 위험부담은 없는 도전해볼 만한 분야라고 생각합니다.

● 정근식(사회자) : 이번에는 두 시간 동안 서 있었던 학생들에게 기회를 주겠습니다. 다리 아프죠? 뒤에 서 있는 학생 가운데 질문을 받겠습니다.

"피라미드의 우두머리로 사회에 영향을 미칠 계획은 없나?"

●청중 4 : 안녕하세요. 전기공학부 석사 1학년에 재학중인 김정태라고 합니다. 사회에 영향을 미치는 방법으로 선생님께서 택하신 것은 다소 사람들이 듣기 싫은 말들을 투고하는 것이었다고 하셨는데, 혹시 피라미드의 우두머리 역할을 하신다거나, 또는 지금과 같이 학생들을 가르치시거나, 다른 형태로 사회에 영향을 미치는 것이 더 좋은 방법이 아닐까라는 생각을 강연을 들으면서 했습니다. 이 밖에 사회에 영향을 미칠 수 있는 것들에는 어떤 것들이 있을 수 있는지 선생님의 생각을 듣고 싶습니다.

●안철수 : 사회에 영향을 미치는 방법이 여러 가지가 있잖아요. 정치도 그중의 하나인 것이고, 교육도 그중의 하나인 거고, 기업도 그런 것이지요. 사회가 발전하려면 어떤 한 분야로 기울기보다는 골고루 발전하는 것이 맞는 방향이라고 생각해요. 이처럼 사회에 영향을 미칠 수 있는 다양한 분야가 있는데 어떤 일이 내가 가장 잘할 수 있는 일인지를 기준으로 판단을 했어요. 지금 현재로서는 교육 쪽에 몸담고 있으면서 여러 가지 사회활동을 하는 것이 나한테는 잘할 수 있는 일이라고 판단을 했지요. 정치와 전쟁의 차이점에 대한 책을 본 적이 있어요. 둘 다 적과 싸우

는 것은 똑같은데, 전쟁은 적을 믿으면 안 되는 반면, 정치는 적을 믿어야 정치가 된다는 거예요. 그런 맥락에서 보면 우리나라에는 정치가 없는 것이지요.

"죽기 전에 하고 싶은 일은?"

●청중 5 : 사회과학대학 10학번 정성경이라고 합니다. 선생님께서 이제 아직 마흔여덟밖에 안 되셨지만, 죽기 전에 혹시 꼭 하고 싶은 일이 있으신지, 죽기 전에 꼭 해야겠다고 생각하는 삶의 목표 같은 것이 있으신지, 혹은 매일매일을 열심히 사는데 과연 지금 죽어도 이제까지 산 것을 후회하지 않을 수 있을지에 대해서 여쭈어보고 싶습니다.

●안철수 : 자기 나름대로 가지고 있는 성공의 정의가 참 중요하다고 생각해요. 사람들마다 가지고 있는 성공의 정의가 각자 다를 수밖에 없지요. 이렇게 복잡하고 다양한 상황에서 모든 사람들이 '외부에서 보는 성공', 즉 돈을 많이 벌거나 명예를 가지거나 높은 직위에 오르는 것을 성공이라고 생각하면 거기서 진정한 행복을 느낄 수는 없다고 생각해요. 살아가면서 중요한 것은, '내 인생에서 나는 무엇을 이루면 난 성공했다고 느낄 수 있는가? 당장 죽을 때 내가 이것을 이루면 정말 여한 없이 눈을 감을

수 있는 그런 것이 어떤 것인가' 하는 것을 가지고 있는 것인데, 저 같은 경우는 삶의 흔적을 남기는 거예요. 영어 표현으로는 'Make a difference'인데, 어떤 뜻이냐면, 조금 진부한 표현이지만, 크로마뇽인이 동굴에 벽화를 그렸어요. 그러면 현대의 우리는 벽화를 보면 누가 살았는지 몰라도, 누군가는 살아서 거기에 흔적을 남겼다는 것은 알 수 있잖아요. 마찬가지로 저도 안 태어났을 수도 있는 사람인데 지금 태어났잖아요. 제가 존재했을 때와 존재하지 않았을 때, 후세에 뭔가 차이가 있어야 한다고 생각했어요. 저는 이름을 남기는 환상은 없어요. 이름은 남지 않지만 사람들의 생각이 바뀐다든지 뭔가 바람직한 제도가 생긴다든지 또는 제가 쓴 책이 남는다든지 또는 제가 만든 조직이나 일이 남는다든지 하면 그럼 제가 살았다는 흔적은 남는 거잖아요. 그게 저한테는 가장 중요해요. 지금까지의 길지 않은 인생도 매순간마다 제가 살았다는 흔적을 가능한 많이 남길 수 있는 일을 하기 위해서 최선을 다해왔던 선택의 과정이었던 것 같아요. 그래서 전 당장 내일 죽는다고 하더라도 후회가 없다고 자신 있게 말할 수 있어요. 왜냐하면 지금까지 저 나름대로 최선을 다해서, 이름을 남기기 위해서가 아니라, 흔적을 남기기 위해서 살아왔으니까요. 이런 말씀을 드리니까 어떤 분이 자신도 자기 인생의 성공의 정의가 있다는 말씀을 하셨어요. 언론계에 계신 분인데, 언론인의 입장에서 자기 인생에서 성공의 정의는 좋은 영향력을 끼칠 수 있는 사람들을 많이 만드는 것이래요. 그것이 충분히 성취가 되면 자기는 죽을 때 성공한 인생이라고 생각하면서 눈을 감을 수 있을 것 같다고 하셨어요. 이것도 같은 맥락인 것이죠. 그래서 여기 계신 분들도 내가 내 인생에서 과연 어떤 것을 성취하면 내 인생은 성공이라고 생각할 수 있는지 찾으시면 좋을 것 같아요.

"좋아하는 것과 잘하는 것"

● 청중 6 : 국제대학원 석사 1학년 최정애라고 합니다. 처음에 바이러스 백신 만드셨을 때 좋아하는 것과 잘하는 것이 일치해서 잘 해내셨다고 생각해요. 제 개인적으로는 제가 좋아하는 것과 잘하는 것이 다르다고 생각해요. 만약에 백신 만드는 것이 실패했다면, 그래도 그것이 좋았으면 계속 백신을 만드셨을지, 아니면 포기하고 의대 교수를 하고 계셨을지, 또는 저같이 그런 갈등을 겪고 있는 학생들에게 조언해주실 말씀이 있으신지 궁금합니다.

● 안철수 : 이것도 상투적인 예 가운데 하나인데, 마이클 조던이 농구를 잘하다가 갑자기 야구를 하러 갔죠. '야구팀에서 나중에 메이저리그 선수가 되어 인정받으면, 농구와 야구 양쪽 모두에서 인정받을 수

있다'는 생각으로 갔어요. 하지만 마이너리그 선수로만 있다, 결국 메이저리그 선수가 못 되어 그만두고 농구로 돌아왔죠. 이런 유명한 사람도 자기가 하고 싶은 것과 잘하는 것을 혼동했던 거 같아요. 하고 싶은 것과 잘하는 것은 다르거든요. 이 두 개가 합쳐져야 해요. 그러려면 자신이 잘하는 것을 찾아야 해요. 잘하면 외부에서도 인정을 받고 성취감도 높아지면서 좋아하게 돼요. 자신에게 적합한 일을 찾는 것이 학생이 가질 수 있는 특권, 즉 기회의 시간이라고 생각합니다.

"인재 선발의 기준은?"

●청중 7 : 치과대학 98학번 졸업생 이태경입니다. 바이러스의 본질에 대한 설명이 너무 명쾌했습니다. 생물학적인 바이러스의 측면과 너무 잘 맞아떨어져서 참 감명 깊게 들었습니다. 외부의 명령 없이 자기가 스스로 복제를 한다는 것이 정말 중요한 내용인데, 그만큼 교수님께서는 본질과 자기기준이 대단히 명확하시고 거기에 준해서 사업을 했기 때문에 성공하신 것 같습니다. 그런 입장에서 본다면 경영에서 중요한 것 가운데 하나가 인재를 선발하는 것인데, 교수님이 생각하시는 인재상에 대한 본질을 유추할 수 있도록 인재선발의 기준에 대해 말씀해주시기 바랍니다. 선발과정에서 겪었던 아주 사소한 내용들, 예를 들면 밥을 빨리 먹는 사람은 일을 열심히 한다든지 등을 말씀해주시면, 학생들이 그런 기준에 맞추

어 노력할 수 있을 것이라고 생각합니다.

●안철수 : 우선, 사람을 판단할 때 스테레오 타입을 적용하는 것은 참 위험해요. 밥을 빨리 먹는 사람이 좋은 인재라는 스테레오 타입이 있으면 그것 또한 위험한 거죠. 사람마다 워낙 다양해서, 자기표현을 못하는 사람 가운데 인재가 있기도 해요. 그래서 어느 하나에 정형화되어 '이 사람은 아니다'라고 판단하는 것은 좋지 않은 것 같아요. 두 번째로는 회사도 인간관계여서 가치관이 맞는 것이 가장 중요해요. 친한 친구들이 같이 사업을 하면 깨지는 경우가 많은데, 그 이유는 사업을 하면 친구관계에서는 볼 수 없었던 단점, 즉 그 사람의 숨겨진 밑바닥까지 보게 돼요. 그럼 실망을 하게 되는 경우가 많지요. 가치관이 비슷한 사람이 결국은 오래가더라고요. 부부관계도 성격이나 취미는 달라도 괜찮지만, 가치관은 같아야 오래갈 수 있는 것처럼, 오래가는 인간관계, 특히 사업관계는 가치관이 참 중요한 것 같습니다. 그래서 사람을 뽑을 때 경영자 혹은 회사가 가지고 있는 가치관에 맞는 인재인가를 점검하는 것이 가장 중요해요. 세 번째로는 영어 표현으로 그 사람이 현재 가지고 있는 스킬Skill보다는 그 사람이 가지고 있는 재능Talent을 보는 것이 중요해요. 그것을 가려내기란 쉽지 않지만, 예를 들면 홍보 분야

에 인력이 필요할 때 당장 홍보를 잘하는 사람을 뽑기보다는 그런 경험은 없지만 앞으로 발전할 가능성이 많은 사람을 뽑는 것이 장기적으로 굉장히 도움이 돼요. 그 사람도 발전하고 회사도 발전하게 되지요. 하지만 잠재력을 확인하는 것이 쉽지는 않더라고요. 여러 가지 정형화된 테스트들을 사용해서 도움을 받기도 합니다. 예를 들어 갤럽에서 하는 '강점 찾기 Strength Finder' 테스트는 사람들이 가지고 있는 여러 강점을 서른두 가지 정도의 주제로 나누어서 분석해줘요. 그런 것들을 보면 지원자가 어디에 강점과 잠재력이 있는지, 아직 자기 강점으로 개발은 못했지만 어느 쪽에 재능이 있는지를 알 수 있으니까 참고할 수 있겠죠.

● 정근식(사회자) : 질문을 하고 싶어하는 사람들이 너무 많은데, 혹시 청중 가운데 시민 있으신가요?

"좋은 질문을 하기 위한 생활 습관은?"

● 청중 8 : 안녕하세요. 생명과학부 박사후연구원으로 2주 전에 부임한 유권태라고 합니다. 원래 프로젝트를 만들어야 하는 중요한 기간인데 안철수 교수님 강의를 듣고 싶어서 시간을 내서 나왔습니다. 안철수 교수님도 선택의 순간마다 자기 자신에게 여러 가지 질문들을 던지고 그것에 대해서 생각해보셨다고 하셨습니다. 아까 말씀하신 것 가운데 좋은 질문을

할 수 있는 능력이 중요하다는 말씀을 하셨는데, 저도 그렇게 생각합니다. 하지만 사실 저희가 교육받는 기간 동안 어떻게 좋은 질문을 할 것인가에 대한 교육은 별로 받지 않았잖아요. 다른 성공하신 분들을 보면 좋은 질문을 할 수 있는 능력을 가지고 계신 것 같습니다. 좋은 질문을 할 수 있는 능력을 배양하기 위해서 저희가 갖춰야 할 생활습관이나 신조는 어떤 것들이 있는지 말씀해주시면 도움이 될 것 같습니다.

●안철수 : 몇 가지가 있어요. 우선, 한 분야에 대해서 전문성이 있어야 해요. 두 번째는 다른 분야에 대해서도 어느 정도 상식이나 포용력을 가지고 있으면 도움이 돼요. 예를 들면, 제가 몇 주 전에 스마트폰에 대해서 이야기를 한 적이 있어요. 지금 아이폰이 들어와서 삼성이나 엘지에서 여러 가지 대비를 하고 있는데, 한국 기업은 이것을 하드웨어끼리의 싸움으로 봐서 어떻게 하면 성능 좋고 예쁘고 사용하기 편리한 하드웨어를 만들지에 집중을 하고 있더라고요. 그래서 제가 '그건 참 잘못 보고 있는 시각이다'라고 지적했어요. 왜냐면 아이폰으로 대표되는 스마트폰이라는 것은 기본적으로 하드웨어끼리의 싸움이 아니라 비즈니스 모델끼리의 싸움이거든요. 우리나라에서 스마트폰이라는 것은 기본적으로 수직적인 하청구조예요. 그래서 하청

업체한테 가능한 빠른 시간 내에 값싸게 부품을 조달 받아서 제품의 글로벌 경쟁력을 높이는 것이 한국 기업들의 생존 방식이에요. 아이폰은 범위가 훨씬 넓어요. 하청업체뿐 아니라 수평적인 관계에 있는 다른 회사, 즉 제3자들이 있어요. 이 사람들이 자발적으로 소프트웨어를 공급해주는 것에서 힘을 받는 거지요. 그래서 수평적인 네트워크 간의 싸움이 되는 거예요. 예를 들어, 게임기에서 '닌텐도 Wii'와 '소니 플레이스테이션'이 있어요. 하드웨어 싸움이라는 시각에서 보면 당연히 '소니 플레이스테이션'이 성능이 좋아서 이겨야 하는데, 결과는 거꾸로 '닌텐도 Wii'가 앞서요. 왜냐면 하드웨어 싸움이 아니라 바깥에 있는 수많은 소프트웨어 회사가 어느 쪽에서 더 이익을 많이 내고 지원을 많이 받는지를 보고 닌텐도 쪽에 공급을 많이 하는 거죠. 하드웨어 성능만 놓고 보면 닌텐도가 약하지만 주변을 자기편으로 많이 만드는 능력 때문에 일등이 된 거예요. 이것이 수평적인 네트워크 비즈니스 모델이예요. 아이폰이 수평적인 모델을 가지고 한국의 수직적인 하청 구조 모델과 충돌을 하는 건데, 그러면 당연히 수평적인 모델이 이겨요. 그러니까 하드웨어끼리의 싸움으로 보지 말고 비즈니스 모델끼리의 싸움이라는 시각으로 보면 완전히 해법이 달라지는 거지요.

    이것을 말씀드리는 이유는 모든 사물은 입체적인데 반해 한 분야의 전문성만 가지고 바라보다 보면 2차원적으로밖에 보지 못하기 때문이에요. 근데 항상 물건은 3차원적이어서 다른 시각으로도 보고 이 둘을 합해서 개념화하는 능력이 있어야 이것이 비즈니스 모델 간의 충돌이라고 이야기할 수 있는 거죠. 그래서 사물을 입체적으로 볼 수 있는 능력을 길러야 하는데, 한 분야에 대한 깊이 있는 전문성과 다른 분야에 대한 상식과 포용력을 가지고 있으면 두 개의 렌즈로 사물을 볼 수 있거든요. 그러면 사물을 훨씬 더 명확하게 파악할 수 있는 법이죠.

그 다음에 당연한 것에 대해서 질문하는 습관을 계속 가져야 해요. 예를 들면 회사에서 보고서가 와요. 설명을 듣고 그럴듯하면 그냥 넘어가는데, 사실 그러면 안 돼요. 굉장히 당연해 보이는 것도 생각해보면 이것이 도대체 어떤 근거로 이런 주장을 하는지 궁금해할 수 있거든요. 하나하나 너무나 당연한 것들에 대해서 계속 질문을 던져보면 그게 결코 당연한 것이 아닌 것이 돼요. 그러면 점점 더 질문을 잘할 수 있게 돼요. 포스코 이사회에서도 사외이사들의 역할은 좋은 질문을 하는 것이더라고요. 좋은 질문을 통해서 굉장히 좋은 결과를 유도할 수 있어요. 그런 능력이 앞으로 더 중요해지는 시대가 올 것 같습니다.

● 정근식(사회자) : 너무나 많은 질문이 있어서 이것을 어떻게 조율해서 마무리를 지어야 할지 고민이 많이 됩니다. 혹시 오늘

모신 패널 분들에게 질문하고 싶은 사람이 있나요?

"자신의 적성을 확인할 수 있는 체험 방법은?"

●청중 9 : 안녕하세요. 자연과학대학 신입생 임재성이라고 합니다. 원래 안철수 교수님께 질문하고 싶은 것이긴 했는데 (청중 웃음) 다른 선생님들께서 대답해주셔도 좋을 것 같습니다. 첫 번째 질문에서 자기가 잘하는 것을 알려면 직접 해봐야 한다고 말씀하셨는데, 대학에 입학해서 수강신청을 해보니까 필수로 들어야 하는 과목도 많고 제가 수학을 전공하기 때문에 수학 과목을 많이 듣다 보면 다른 과의 과목을 들을 수 있는 시간이 많이 부족합니다. 그래서 꼭 강의만이 아니더라도 다른 분야를 직접 체험해보고 자기가 거기에 적성이 맞는지 확인해볼 수 있는 간접적인 체험방법이 있는지 알고 싶습니다.

●신효필(패널) : 제가 안 교수님 대신 답해서 혹시 함량미달의 답이 될지 걱정이 되네요. 제가 아까 안 교수님께도 질문을 드렸지만 전문성이라는 것이 대단히 중요하고, 그 전문성을 가지게 되면 당연히 보이게 되거든요.

자기가 하고 싶고 잘할 수 있는 것을 알 수 있는 방법이 무엇인지 생각해볼 수 있는 방법이 여러 가지가 있어요. 우선 수업을 들어볼 수 있겠지요. 학문이라는 것과 상식적인 차원이 다를 수 있어서, 막상 수업을 들어봤을 때 내가 생각하는 것과 다를 수 있어요. 자신이 전공하는 것이 아니라고 하더라도 대학생활에서 다양하게 경험을 해보는 것이 굉장히 중요한 것 같아요. 그것은 본인들이 얼마나 시간을 내서 투자를 하느냐에 달려 있겠죠. 안 교수님의 경우에서 배울 것은 두 가지인 듯해요. 첫째는 시각이에요. 결과보다는 과정을 중요히 여기고 어떻게 사회에 기여를 할 수 있는가에 중점을 두었다는 것. 그리고 두 번째는 많은 것에 대해 직간접적인 체험을 한 점이죠. 이 두 가지를 명심하시고 자기가 좋아하는 것을 전문분야에서 접근해보시면 내가 할 일을 찾는 데 도움이 될 것 같습니다.

"대학원 공부가 꼭 필요한가?"

● 청중 10 : 안녕하세요? 산림과학부 05학번 이진우입니다. 제가 여기에 오게 된 것은 아버지 때문입니다. 아버지가 설날에 가족들을 다 모아놓고 하신 말씀이, '내가 제일 존경하는 사람이 안철수 박사님이시다.' 사실 엄청난 분이신 줄은 알았지만 왜 그렇게 아버지가 존경하시는지는 몰랐거든요. 여기 와서 왜 그런지 알게 되었습니다. (청중 웃음) 일반적인 학부생들은 대학을 졸업하고 반 이상이 바로 취직을 하는데, 선생님의

경우는 모든 것을 이루실 때 대학원에서 학위를 따서 최고의 전문가가 되신 거잖아요. 그럼 학부 졸업하고 곧바로 사회로 나간 일반적인 사람들은 어떻게 한 분야의 최고가 될 수 있고 잘할 수 있는지, 대학원이라는 것이 꼭 필요한 것인지 여쭈어 보고 싶습니다.

●안철수 : 사람마다 다른 것 같습니다. 저의 경우는 기초부터 다져서 하는 것을 더 중요하게 생각하는 사람이어서, 가장 효과적인 방법이 학위과정에 들어가는 거였어요. 학위과정에서 1년 동안 읽는 책의 양을 보면, 혼자 독학할 경우 3, 4년은 열심히 해야 하는 분량이에요. 저 같은 경우는 아주 기초부터 다져야 마음이 편하고 자신감을 가지는 타입인 데다, 효율적으로 시간을 쓸 수 있는 방법으로 학위과정에 들어가는 것을 택한 거예요. 하지만 예를 들면, 빌 게이츠 같은 사람은 그렇지는 않잖아요. 그때그때 필요한 부분을 흡수하는 능력이 뛰어나서, 끝까지 대학 졸업도 안하고 필요한 전문가들을 불러서 조언을 구하는 방법을 택했지요. 그래도 학문적인 깊이가 굉장히 깊지요. 결국, 자기한테 맞는 방법을 택하는 것이 가장 맞는 것 같아요. 예를 들면, 제 고등학교 친구 가운데 공부를 잘하는 사람이 있었어요. 다른 친구들이 이 친구가 어떤 참고서를 보는지 궁금해 했어요. 친

구들이 어떤 참고서가 좋은지 물어보니까, 이 친구 답이 자기도 모른대요. 그냥 학기 초가 되면 학교 앞 서점에 가서 눈을 감고 더듬는대요. 가장 보들보들한 재질을 가진 참고서를 고른대요. 왜냐면 이 친구는 자기한테는 감촉이 너무 중요하기 때문이라는 거예요. 그래서 100의 내용이 다 들어 있는 참고서인데 종이 질이 나쁘면 자기는 흡수가 70퍼센트밖에 안 돼서 결국 70점을 받는대요. 그런데 참고서 자체는 함량이 조금 적어서 80의 내용밖에 안 들어 있어도, 종이질이 좋으면 백퍼센트 흡수할 수 있기 때문에 80점을 받는다는 거예요. 그러니까 다른 사람에게 맞는 방식이 자기한테 맞는 것은 아니라는 거지요. 자기한테 가장 맞는 방식을 찾아서 자기가 가장 보고 싶은 책을 보는 것이 그게 가장 효과적이지, 남한테 좋은 책을 추천받아서 읽기 싫은데 억지로 읽으면 남는 게 없어요. 자기 나름대로의 방식을 찾으시는 것이 가장 좋을 것 같습니다.

● 정근식(사회자) : 이번에는 모자 쓴 학생들에게 기회를 주겠습니다.

"대학생 창업 조건은?"
● 청중 11 : 안녕하세요. 저는 서울대 학생이 아니고요. 친구 따라 왔습니다. 지금 미국 코넬대 3학년에 재학 중인 조형중이

라고 합니다. 안철수 교수님께 벤처와 관련해서 질문을 드리고 싶습니다. 현실적으로 대학생이 창업을 하기 위해서는, 전공마다 차이는 있겠지만 인터넷 사이트를 통해서 창업을 하는 것이 아닌 이상, 보다 전문적인 지식이 필요하다고 생각합니다. 안철수 교수님도 아까 석사 이상을 받아야지 융합도 할 수 있고 더 많은 길로 나갈 수 있다고 하셨는데, 그러면 석사학위 이상을 받아야만 창업을 할 수 있는 것인지, 아니면 대학생 신분으로서도 할 수 있는 조건이 우리나라에 갖추어져 있는지 궁금합니다.

●안철수 : 저 개인적으로는 학생이 창업하는 것은 반대하는 편입니다. 그 이유는 조직생활도 한 번 안 해봤을 뿐만 아니라, 어떤 분야에 사업을 하려면 그 산업의 구조를 알아야 하는데 그런 지식도 전무하기 때문입니다. 예를 들면 어디를 통해서 거래를 하고 이쪽에서는 어음을 몇 개월짜리를 받고, 그런 것은 교과서에도 나오지 않아요. 또 각 분야마다 일하고 있는 사람도 알아야 하고요. 이런 지식 없이 창업에 뛰어들면 실패할 확률이 굉장히 높아져요. 그래서 저는 일반적으로 졸업하고 나서 자기가 원하는 분야의 회사에 취직을 해서 2~3년 일할 것을 추천해요. 조직에 대해서도 경험을 하고, 업계의 산업구조와 컨택 포인트들

(사람들)을 알고 나서 그때 나와서 창업을 하면 성공 확률이 더 높아져요. 하지만 이것은 일반론이지요. 빌 게이츠 같은 경우는 중간에 중퇴했죠. 마이클 델 같은 경우도 기숙사에서 컴퓨터 만들어서 팔다가 중퇴를 했어요. 이런 경우도 있으니 창업 시기 역시 각자 자신에게 맞는 것이 다른 것 같아요. 만약 졸업을 하고 나서 다시는 이런 기회가 오지 않을 것 같다는 확신이 든다면, 그때는 나와서 창업을 하는 거지요. 자기에게 가장 편하고 효과적인 방식을 찾고, 자기가 하려는 산업의 흐름을 잘 보고 판단을 하면 되겠죠.

● 정근식(사회자) : 질문을 하고 싶은 사람은 많고, 시간은 모자라고 어떻게 하지요?

● 청중 : 청년 실업자 있습니다. (청중 웃음)

● 정근식(사회자) : 그래요? 그럼 청년 실업자가 질문합시다.

"친구들과 창업을 하려면?"

● 청중 12 : 안녕하세요. 제 이름은 안영길이고요, 저는 본교(서울대)와 아주 상관이 없는 지방대 출신이고, 지금은 서울역 앞에서 주야장천 오늘 하루를 어떻게 하면 효율적이고 저렴하게 보낼 수 있을지를 고민하고 있습니다. (청중 웃음) 사실은

저도 대학을 막 졸업하고 사업을 시작했었는데, 친구와 같이 시작을 했다가 완전 말아먹었습니다. 그래서 지금 거지가 된 건데, 최근에 또다시 친구들이 같이 사업을 하자고 제안을 하고 있어요. (청중 웃음) 교수님께서도 말씀하셨듯이, 친구들과 같이 사업을 하는 것은 굉장히 위험부담이 큰 것이라는 것을 잘 알고 있고, 그 과정에서 얼마나 힘든 일들이 있는지 알고 있는데, 저는 여전히 친구들과 함께 무언가를 할 수 있다는 믿음을 가지고 있거든요. 과연 어떻게 하면 할 수 있을까요? (청중 웃음) 제가 이 질문을 드리는 이유는, 요즘 비즈니스 모델이 수직적인 구조가 아니고 수평적 네트워크에 의해서 파워가 강해지는 경향이 있는 것처럼, 창업에 있어서도 지금까지 '절대 친구들끼리는 안 된다'는 통념이 있었지만 이것도 변하지 않을까라는 생각에서입니다.

●안철수 : 친구들끼리 하면 절대 안 된다는 말은 아니고, 친구들끼리 시작하려면 정말 속 깊은 이야기를 많이 해야 한다는 것입니다. 친구들끼리 보통 민감한 부분들에 대해서 이야기를 안 하고 좋은 게 좋다고 넘어가는 경우가 많거든요. 자신이 진심으로 믿는 가치관과 같은 것들, 예컨대, 돈을 바라보는 시각, 사업을 하려는 이유, 그리고 그만두고자 하는 시점―나는 몇 년 동안 여기에서

일을 해서 돈을 벌면 나가겠다든지, 나는 이 기업을 어느 정도까지 키우고 싶다든지—등등, 이런 모든 세세한 부분들을 다 솔직히 터놓고 서로에 대한 이해의 폭을 넓혀야 해요. 그런 상황에서 친구들끼리 사업을 하는 것은 괜찮은데 그렇지 않은 상황에서는 어렵죠. 인간관계에서 말이 참 중요하더라고요. '커뮤니케이션이 관계'라는 말이 있는데, 저는 사실 처음에 이 말을 들었을 때 말도 안 되는 소리라고 생각했어요. 사람이 서로 의사소통을 나눌 수 있는 방법에 말로 하는 것 말고도 여러 방법이 있는데 왜 커뮤니케이션이 관계인가라는 생각을 했어요. 그런데 사회생활을 하면서 '정말 그 말이 맞다'는 생각이 들었어요. 두 사람이 결혼을 하려고 하면, 마음은 알아도 누가 청혼하지 않으면 평생 결혼을 못하는 거잖아요. 그래서 말이라는 것이 사람 관계를 더 발전시키는 데 필수적인 조건이라는 것을 깨달았어요. 정말로 민감한 문제가 친구 사이에도 있기 마련인데, 그런 거에 대해서 먼저 이야기를 꺼내놓고 이야기하지 않으면, 계속 그런 상태로 있게 되어서, 오히려 친구 관계가 멀어지게 돼요. 그래서 이런 민감한 이야기를 꺼내는 이유는 너와 좀 더 가까워지기 위해서라고 먼저 솔직하게 터놓고 민감한 부분들을 이야기하면, 친구 사이의 인간관계도 훨씬 진척이 돼요. 그런 식으로 접근하시면 친구끼리 창업을 하더라도 문제가 없을 수 있습니다.

● 정근식(사회자) : 마지막 질문 받겠습니다. 여기 학생 얼굴에 절실함이 배어 있어서 외면할 수가 없네요.

"소비자 인식의 문제 아닌가?"

● 청중 13 : 안녕하십니까. 현재 법과대학에 재학 중인 이후창이라고 합니다. '비즈니스 모델 간의 충돌'이라고 말씀하셨는데, 소프트웨어를 구매해주지 않는 한국 국민의 시장 풍토도 문제가 있지 않나요? 최근에 안연구소 측에서 무료백신 사업에 뛰어들 생각이 없다고 하셨다가 알약에 대응해서 결국 무료백신을 내놓으셨잖아요. 그것도 한국인들의 소프트웨어 구매에 대한 인색한 태도에서 비롯된 것이 아닐까라는 생각이 들었습니다.

● 안철수 : 말씀하신 부분 다 맞습니다. 제 친구 가운데 정신과 의사가 있는데요. 그 친구가 독일에서 10년 동안 자비를 들여서 공부를 열심히 한 다음에 한국에 왔대요. 정신과 병원을 열어서 환자 상담을 받는데, 한 시간 정도 열심히 정신과 상담을 다 해준 다음에 진료비를 청구하면 그렇게 아까워한대요. "뭐 말만 해주고 나서, 밥만 먹으면 말은 할 수 있는데 돈을 이렇게 많이 받느냐"고……. 그래서 그 친구가 나름대로 머리를 썼대요. 그래서 상담을 다 해준 다음에 끝날 때 영양제 주사를 하나씩 놓아주었더니, 굉장히 기분 좋게 돈을 내고

간대요. 그런 거 보면, 한국 사람이 얼마나 지적재산권, 즉 소프트웨어, 영화, 전문가의 조언 등의 가치를 인정해주지 않는지 알 수 있어요. 전문가 조언을 제대로 하려면 정말 많은 노력과 경험과 지식이 필요한데도, 말만 하는 거니 공짜로 해주라는 것은 말도 안 되죠. 그게 어쩌면 앞으로 여기 계시는 젊은 분들의 일자리를 망가뜨릴 수도 있어요. 우리나라에는 뿌리 깊은 선비문화가 있어서, 어떻게 양반이 천민처럼 지식에 대해서 돈을 청구해서 받느냐는 생각이 있어요. 예전에는 모르겠지만, 이런 문화는 지식정보화 사회에서 글로벌 경쟁이 이루어지고 있는 상황에서 앞으로 우리의 굉장히 큰 취약점이기도 해요. 지식정보산업과 전문가들의 조언에 대한 가치가 인정되어야, 여기 계시는 분들도 앞으로 일을 할 수 있는 여건이 될 것 같습니다. 저도 이런 위기감과 문제의식을 공유하고 있습니다. 국가적으로 캠페인도 하고 이를 개선할 수 있는 제도도 나와야 한다고 생각합니다.

●정근식(사회자) : 이 정도로 마쳐야겠습니다. 여러분한테 선물이 있습니다. 안 선생님과 함께 사진을 찍을 수 있는 기회입니다. 학생들이 많으니까 세 번에 나누어서 사진을 찍겠습니다.

안철수
경영의 원칙

펴낸곳	서울대학교출판문화원
펴낸이	오연천
강연자	안철수

기획	서울대학교 관악초청강연 운영위원회
운영위원	곽수근 (위원장)
	최우정, 조영달, 정철영, 정근식, 여정성, 신희택,
	박영준, 김인규, 김인걸, 허남진, 이일하
기획간사	백미숙
진행	채석진

출판기획	형난옥
편집	김현호
제작	김형민
마케팅	이원, 이춘화, 박민규

초판1쇄 발행	2011년 11월 28일
초판5쇄 발행	2012년 2월 15일
출판등록	제15-3호

주소	서울 관악구 관악로 599 우편번호 151-742
연락처	대표전화 02-880-5252 팩스 02-888-4148
	마케팅팀(주문상담) 02-889-4424, 02-880-7995
이메일	snubook@snu.ac.kr
홈페이지	www.snupress.com
영문홈페이지	eng.snupress.com

ⓒ 안철수·서울대학교기초교육원장 허남진 2011

이 책은 2010년 3월에 있었던 서울대학교 〈관악초청강연〉을 바탕으로 정리되었습니다.

ISBN	978-89-521-1272-9 04040
	978-89-521-1152-4 (세트)